JN012650

公立中高一貫校
受検にまつわる
50 の壁

ケイティ【著】

はしがき

はじめまして。公立中高一貫校合格アドバイザーの、ケイティです。
本書を手に取ってくださり、ありがとうございます。

この本が書店に並ぶ頃には、多くのエリアでまさに本番を迎えています。
今年も様々なドラマがありました。

適性検査ならではのつかみどころのなさに翻弄され
模擬試験を受ける度に悔し涙を流したり、

やっと適性型に慣れて自信がついてきたと思ったら
今度は時間配分という大きな壁にぶつかったり、

書いても書いても作文で及第点がもらえず、
書いては消しの繰り返しでしわくちゃになった原稿用紙を前に呆然と
したり、

そんな日々を越えて来た子達が、これから本番に向かおうとしています。

公立中高一貫校の受検は、小手先のテクニックで何とかなるものでは
ありませんし、私立中学受験の片手間で受かるものではありません。
合格を熱望する気持ちがご本人にあることは大前提ですがその上で、
学校生活も精一杯頑張り、塾も活用しつつご家庭でもしっかりと演習
し、様々な解法のインプットから深い持論を作文で展開する訓練まで、
幅広く取り組む必要があります。

受検生本人が自主的に計画立てて取り組むことができれば言うことは
ありませんが、
対応すべき範囲が四科に限定されず多岐にわたり、かつ、一般常識力
も得点に大いに影響することからも、保護者による（多大な）サポー
トは欠かせないと私は考えています。

本書では、保護者の方々から頂く様々な疑問をジャンルごとに分け、
過去の事例も交えながら紹介していきます。

想像してみてください。
本番当日、指先まで凍りそうな冷え込みの中、
二人三脚で目指してきた志望校へ向かいながら、
黙々と隣を歩くお子さんに、最後にどんな励ましの言葉をかけたいで
しょうか。

「やれることは全部やった」と我が子の大きな背中を見送るために、
いまできることがたくさんあります。

受検が終わって何年かして振り返ったときに、
「あのとき私たちは最高に良いチームだったよね」と思い出話ができ
るような受検にするため、全ては今日、ここからです。

本書に何か一つでも、心を軽くして方向性を定めるヒントになる章が
あれば、心から嬉しいと思います。

2022 年 12 月　　　　　　　　　　　　　　　　　　　著者

―目　次―

第1章　スケジュール編

第2章　マネジメント編

第3章　塾・模試編

第1章

スケジュール編

この章では、受検までのおおまかなスケジュールについて紹介していきたいと思います。公立中高一貫校を受検するにあたって、いつまでに、どのようなことを進めるべきか、といったスケジュール感について、初めから詳しい方は限りなく少数派だと思います。ほとんどの方は手探りで、「この進め方で大丈夫だろうか」「遅いだろうか」「無理させすぎだろうか」といったお悩みを個別に抱えていらっしゃると思います。

　私立中学の受験のように、学年ごと、科目ごとの参考書が何種類もあり、それぞれの時期やレベルに合った教材が選択できれば良いのですが、なかなかそういった基準になるようなものが見つからないのも、公立中高一貫校受検の難しさです。さらに、この時期までに、このくらいの偏差値が取れていればいい、といったベンチマークになるような基準もありません。そういった理由もあって、多くの保護者の方が、今何をすべきなのか、これで合っているのか、という不安を常に抱えることになります。

　公立中高一貫校受検は、小学５年生の後半や小学６年生に入ってから受検を志すという方も私立中学に比べる

と多いですから、受検を決めてから本番までの期間は短く、慌てて情報収集しなければいけません。その分、お子さんとの衝突も増えることになると思いますから（受検したいと言い出した本人が抵抗する場合もあり…）、まずは保護者の方が、進め方について揺るがないようにして、自信と根拠を持ってお子さんに日々の取り組みを提示していただきたいと思います。

　そのためにも、本番までの残り期間に伸ばすべき単元、科目、分野をしっかりと把握して、逆算し、「だからこれを取り組んだほうがいい」と自信を持ってお子さんに伝えることが大切です。もちろん、正解はないですから自信も何もないのですが、「必要だとは思うけれど、むだかもしれない。でも一応やっておく？」という提案では、てこでも動かないのが6年生です。また、保護者の方が不安でいっぱいだとお子さんにも伝播しますし、多少は「やらされている」という感じを受けるのは仕方ないと割り切って、「これをちゃんと終わらせなさい」と、強制力を持って取り組ませるようにしてください。

　スケジュールの捉え方ですが、まずは、大きな視点で考えるのがポイントです。本番までの期間の中で、どの

9

参考書を終わらせるのか、それをどの順序で終わらせる
のか、といった大きなスケジュールを、まずは確認しま
す。その後は直近で何か区切りの良いところを見つけ、
そこまでに何を終わらせるか決めます。例えば、「夏休
みまでに何を終わらせるか」、といった中期的な視点で
す。そこが決まったら、今度は短期の視点で見ていきま
す。今月はこれをここまで進めたい、だから今週はここ
まで進める、だから今日はこれを取り組む…というふう
に、どんどん視点を大から小に移していきます。

　小学生の場合はどうしても、「今週のこと」くらいが
把握できるスケジュールとしては限界です。保護者の方
も子供だった頃は、同じような感覚を持っていたのでは
ないでしょうか。1ヵ月先のことははるか先のように感
じたと思います。小学生の時点で、数ヵ月先、ましてや
本番までの長期の視点で計画を立てて自分で取り組む内
容を決めるというのはまだ難しい時期です。大きな視点
で逆算できるのは保護者だからこそできることなので、
大まかな流れを決め、そして根拠を持って日々取り組む
ことを自信を持ってお子さんに伝えるようにしてくださ
い。

　残り時間に対する温度差はこれから先何度となく感じると思います。ですが、これは永遠にクリアされない問題です。生きてきた年数に差がある以上、残り期間の見通しが異なるのは当然なので、長期視点で物事を捉えるのは親の役目、子供は「今週」だけにフォーカスさせる、と割り切ってサポートしてくださいね。

　公立中高一貫校の受検は、こまごました部品を組み立てていけばいつか完成する、というような積み上げ式の進め方は向きません。自分に合った練習を続けていくうちに次第にレベルアップしていき、その先に、ちょっと背伸びすればクリアできる試験が控えているような、例えばそろばんや水泳などのような考え方で進めると本番に間に合わせることは難しいです。そうではなく、まずは最初に全体のスケジュールや、必要なもの、必要な労力を把握した上で、細部を決めていく考え方が必要です。そのためにも、保護者の方自身が志望校の過去問を解き、必要なレベルや単元を把握しておく必要があります（これについては第4章で紹介します）。

　ただし、スケジュールの作成には注意点もあります。

大きな視点から細分化していってその日その日の取り組みを決めたとして、それを日々きちんとこなしているから大丈夫、と思うのは危険だということです。小学６年生になったばかりの取り組みと、小学６年生半ばの取り組みでは、やるべきことも、やれることも、変化しているからです。６年生の精神的な成長は著しいです。６年生の初めの頃は、じっくりと考えたりアイデアを出したりすることが難しかったような子も、６年生の夏、秋頃から急に客観的な視点を獲得したり、粘り強さ、集中力を発揮したりするようになっていきます。だからこそ、一度決めた進め方にはこだわりすぎず、スケジュールを定期的に見直し、その時の成長度合いに合わせて少しハードな負荷をかけるようにしてください。

　受検学年になったばかりの頃（例えば小学６年生になる年の２〜４月）に、毎朝20分、登校前に計算ドリルを１ページやる、と決めていたとします。最初は20分でやっと終わるかどうか、だったかもしれません。けれども、慣れてきたり計算力がついてきたりすると、もう少し短時間で終わらせようと思えばできるようになっているかもしれません。また、全国の過去問演習を進める

のが最初は１校に２時間かかっていたのに、今は45分以内に終わるようになっていることもあります（実際に、全く珍しいことではありません）。とすると、「朝は計算ドリル１ページ」や、「週末に過去問１校」という計画は、アップデートして負荷を上げる検討をする必要があります（お子さんの抵抗にはあうかもしれませんが…）。

　また、秋頃は運動会など学校関係のイベントも多く、決めた予定が思うように進まなくなる時期がやってきます。しかも、運動会以外にも、校外学習、修学旅行、音楽会、など、怒涛のように大きな行事が設定されています。さらに、一つの行事はただその日だけ頑張ればいいというわけではなく、直前も１ヵ月くらいは残って練習したり、終わってからもなかなか勉強モードに切り替えられなかったりと、９〜11月は受検生らしい学習がほとんど取れずに過ぎてしまった…という声も例年非常に多いです。夏休み明け、いよいよ本格的に受検対策に乗り出そうと考えていた保護者にとっては、まさに「魔の秋」になります。

　スケジュールは組みながらも、ある程度は柔軟に組み

13

変える必要があるので、思うように進められないときにも余裕を持って対応できるよう、全体像を把握したうえで常に何手か先回りして進められるようにして頂ければと思います。

1-1. まだ非受検学年ですが、今から準備できることはありますか？

小学2、3年生の保護者の方からも、今からできる対策はありますか、というお問い合わせをいただくことが増えてきました。私立中学受験よりはスタート時期は遅いと言われていますが、それでも以前と比べると、公立中高一貫校受検もスタート時期が少しずつ早くなってきていると感じます。これは倍率の高さや難易度の高さなどから、なるべく前倒しをして早く適性慣れをさせよう、という狙いの表れだと思います。

しかし、重要なポイントとしてお伝えしたいのは、非受検学年のときに取り組むべきことは、適性検査対策ではない、ということです。

まず、6年生になって受検勉強が本格化したときに、得点が伸びず苦戦する子がぶつかる壁についてお話します。その壁は大きく分けて5つあります。一つ目は「語彙」、次に「計算」、そして「立体」、それから「漢字」、最後は「習慣」です。

公立中高一貫校受検では、作文を課すエリアがほとんどで

す。何か一言テーマを与えられて、自由に書くタイプの出題もありますが、長い文章が最初にあり、それを読んだ上で持論を展開するというような形式もあります。そしてその最初にある文章は、小学生が読むにはかなり厳しい、難解なものが選ばれています。そのため、小学校の国語の延長レベルで解くことは難しいと言えるでしょう。しかし筆者の主張が適切に把握できなければ、当然、読解の問題も解けませんし、さらには筆者の主張を踏まえて書くように指示された、作文の内容も芋づる式にずれてしまいます。まだ本番まで時間の余裕があるうちに、たくさんの本を読んで、お父さんお母さんと話をして、語彙と一般常識の引き出しを増やしましょう。

　次は計算力です。適性検査の算数では、細かな計算をいかに早く正確に解くことができるか、といった能力を試されます。これは算数に限らずで、社会の資料をもとにややこしい計算をする問題も多く出ます。そのため、計算のスピードが遅かったり、うっかりミスが減らなかったりすると、６年生になってからも惜しい失点を重ねてしまいます。計算力は、一朝一夕で伸びるものではありませんから、早い時期からコツコツと計算ドリルを使って、速さと正確さを磨いてください。

　立体は、どうしてもセンスが求められるジャンルです。全

国的にも出題しない学校はないと言えるくらい、立体問題は適性検査において重要な頻出ジャンルです。転がしたり、切り開いたり、積み重ねたりと様々な切り口で出題されます。頭の中だけでイメージができる子も確かにいますが、やはり苦手とする子は多いです。うまくイメージできないと感じるのであれば、なるべく早くに立体に関する参考書に取り組み、少しでも慣れておくようにしてください。今はアプリでもいろいろ出ているので、楽しく対策しやすいです。

　漢字に関しては、計算と同じでコツコツと取り組んだ量の差が出ます。６年生になっていよいよ本格的に作文を書き始める時期になったときに、送りがなのミスを連発したり、漢字にすべきものをひらがなで書いたりしてしまいます。それらのミスがあると、どうしても勉強不足という印象を持たれてしまいます。せっかく良い内容の作文を書いても、漢字のミスで減点されてしまったらもったいないです。早めに小学校６年間に習う漢字は完璧にしておきたいです。

　学習全体に関係するので、習慣作りも重要です。学習習慣がきちんとできている子と、親に言われてやっと机に向かえる子とでは、６年生の夏休み頃から、はっきりとした差が出ます。もともとしっかりと家庭で学習が進められていた子と、全く習慣ができていなかった子が、６年生になって同じタイ

ミングで塾通いを始めたとき、どのぐらい差がついているか
は想像に難くないですよね。

　非受検学年のうちに漢字や計算、読書など、基礎学力を毎
日コツコツと磨いておくと、6年生になってからの適性型対
策もスムーズに進められますので、まずは基礎徹底の環境作
りをサポートして、習慣化できるようにしてあげてください。

1-2. 現在4年生です。ここから3年間の大まかな流れを知りたいです

非 受検学年のうちは、学校の宿題・自学自習をきちんとこなしつつ、Z会や進研ゼミなどの通信講座を活用しながら、学習習慣をきちんと付けることがまず大前提です。さらに追加するとしたら、

・年に１、２回でいいので規模の大きな模試に参加する
・ランクアップを目指すための目標を作る
・体験型の教室／イベントに参加する

このような目標やイベント、日々の学習の刺激になるようなものを節目節目に設定するようにしてください。

適性型の模試は早くても５年生からですし、（しかも５年生の適性模試はほぼ４科の延長のような感じで、完全な適性型のものは少ないです）どうしても模試経験が不足します。私立中受験コースだと毎週、毎月のように週次テストや月次テストがありますが、なかなかそういう機会がないために大きな視点や規模で見たときの立ち位置や弱点が把握されないまま気づけば６年…ということもよくあります。

何かしら年に一、二度でも、４科型でかまいませんので模試を受けておくことをおススメします。最もメジャーなのは

全国統一小学生テストです。読解、基礎計算、思考、応用、など、ざっくりした弱点が見つかれば、そこを補強する参考書を1年がかりでのんびり進めることもできる学年です。

　次に、期限付きの目標を立ててそこに向かって頑張る、という経験をしておくのも良いかと思います。入学後に英語と数学でみんな一度は心折られるので、入学後を見越して、英検や思考力検定（算数）を取り入れることもおススメです。検定試験合格という目標に向かって試行錯誤したり計画を立てたりした経験は、作文の「ネタ」としても活かせることが多いです。

　さらに、体験を膨らませるのも、今だからこそできることです。6年になると毎日いっぱいいっぱいなので、今のうちに遊びの延長でもいいのでいろいろな所へ行っていろいろな体験をしてもらってください。適性検査の作文では、「何を経験し、そこから何を得たか」という教訓が自分の中にないと書けないテーマが多いです。積極的に図書館に通って読書量を増やすのも良いですが、人との関わりの中で気づくこともあるので、夏休みなどを使って今しかできないことをたくさん経験してください。例えばスポーツを通じて悔しさを経験したり、科学的な分野の探究をしたり、ありとあらゆる経験が作文に活かされます。

　全体的なスケジュールですが、４年生については上記の通りで、習慣と目標設定の土台を作ること／経験量・読書量を増やすことができれば充分です。

　５年生になったら、いよいよ適性型（記述問題）に少しずつチャレンジしていきます。あまり難しく考えず、季節ごとの中・長期休み期間を使って一日１問だけ、という限定的な取り組みでかまいません。５年生になったら「ちょっと負荷をかけて受検生に変身させていく」というつもりで、長い目で見つつも少しずつ適性検査に慣れていただいてください。朝日小学生新聞など、適性型に使える情報源も丁寧に活用するのも良いかと思います。

　また、読解力は５年くらいからコツコツと磨いていったほうがいいので、読解の参考書も追加していきましょう。ただ、国語の読解参考書は一人で進めるのはものすごくつらい教材だと私は思うので、できるだけ取り組みやすそうなものから始めてください。説明文の内容が「大体言っていることがわかる」状態になっていること・語彙、漢字に苦手意識がないこと、がクリアできれば５年の段階は問題ないですから、最初は『朝５分ドリル』など数分で終わるようなボリュームのものから取り入れてみましょう。
　また、理系に関しては、図形（平面・立体）の参考書も追

加していきましょう。5年のうちからやっておくと、苦手意識を持たずに進めやすいです。

そして6年生になったら、いよいよ本格的に発展させていきます。2月から模試は始まるので、どんどん受けてください。

この時期になると、おそらく魅力的な私立も視野に入ってくるかと思います。せっかく4年生からコツコツ学力をつけてきたわけですから、その力をより活かせる環境を、と考えると、中学の選択肢も広がるのではと思います。公立中高一貫校一択にするか、本命は公立中高一貫校だけれども併願私立との対策も…になるか、そのどちらかによって6年生で取り組む内容が大きく変わります。公立中高一貫校一択であれば、必要な知識（主に算数、学校ではサラッとしか習わないけれども適性検査では必要な考え方）だけ少し補強して、あとはひたすら銀本や適性型の参考書で実践＋模試で立ち位置把握、の連続です。私立の志望順位もそれなりに高いのであれば、また異なる対策が必要なので、詳しくは別の章で扱います。

6年生に入ったら、読解の参考書も受験生用のものに切り替えていきましょう。受験国語の読解は小学校の国語とは全く違いますし、特に公立中高一貫校の国語読解はとんでもな

い難易度のところも多いですから、年１～３冊くらいは確実に必要です。６年生になってから「こんな難しいことをしないといけないの？」と戸惑うことがないよう、非受検学年のうちに、じわじわと読解力を伸ばしておきたいところです。適性検査は長い会話文や説明が出てきますから、読解力は全ての科目に必要です。伸ばすのは時間がかかりますが後回しになりがちなところなので、読解力強化については思い立ったタイミングで始めていただきたいと思います。

1-3. 5年生の冬の過ごし方

6年生の2月に受検本番を迎えるエリアの場合、5年生の2月に「本番までラスト1年」を迎えることになります。学年としてはまだ5年生なので、遠いことのようにお子さんは感じるかもしれませんが、多くの塾では、5年生の2月からは「新6年生」という括りになります。残り365日となると、親のほうは、気持ちも焦る時期になってきます。

公立中高一貫校を受けるご家庭の多くは、このラスト1年を迎える少し前くらいのタイミングで、塾を探したり、説明会で情報収集したりする方が多いです。そこでの案内を受けて、「冬期講習（5年生の冬）に参加したほうがいいか」という質問もこの時期多くあります。

5年生の冬期講習については、実際には5年生のときに習った内容の復習がメインであり、志望校に特化したような内容ではありません。あくまでも総復習や基礎的な漢字や計算の土台作りに当てられる、いわば次の春期講習への参加や、

入塾につなげるためのものと言えます。参加したからといって、一気に力が伸びるものでもないですし、体験してもらって６年生から通ってもらうことが大事ですから、気持ちは焦りますが、「参加しないと乗り遅れる」とは思わないようにしてください。

　この冬休みのタイミングで入塾すると、５年生の最後の集大成となる時期に、突然仲間入りすることになります。そのため、５年生の初めや途中から通っている子たちとの温度差に戸惑う子も多いです。お子さん自身が受検に向けて本格的に頑張りたいと既に思っているなら OK です。しかし、多くのお子さんは、この時期だと志望校に対するモチベーションもまだ曖昧な状態だと思います。その状態で参加すると、雰囲気に気後れしたり、わからない事柄にショックを受けたりする場合も当然あります。

　これはどの学年で入塾したとしても誰しもが通る道ではありますが、わからない事をわからないと講師に伝えることが、今の子達はなかなか難しいと感じるようです。「わからないなら、先生に聞いてきたら？」と親がアドバイスしても、もじもじしたり、「忙しそうだから」と気を使ってしまって質問もしない、という話も聞きます。学校では「わからない」と手を挙げる経験があまりないため、塾通いが始まってクラ

スの雰囲気や、講師に慣れるまでは、わからないことを伝えられず、ただなんとなく落ち込んで帰ってきてしまう、という子もいます。

　冬期講習から参加した子がきちんとついてきているか、目を輝かせて授業に臨めているか、講師側もきちんと目を配ってはいますが、塾に通わせたら安心とは思わず、保護者の観察も必要です。そして、「わからなくて当然」、「聞くのは悪いことじゃない」、「慣れればできるようになる」と励ましてあげてください。

　もちろん、冬期講習には参加せず自宅学習で対策を進めるのも選択肢の一つです。先述した通り、５年生の冬期講習でやったことが本番に直結するわけではありません。６年生になる前に、教科書ワークやドリルを使って自宅で総復習の時間に充てるのも大切だと思います。また、得意科目だけでも少し先取りしておくと、６年生から通塾する場合も、自信を持ってスタートできますよ。

1-4. 受検日 1 年前から GW までには何をすべきですか？

公立中高一貫校の受検日は各地域で異なりますが、1 月から 2 月に実施されるエリアがほとんどです。そのちょうど 1 年前というとまだ 5 年生ですが、「ラスト 1 年！」を迎えた時期から GW にかけては、高い意欲を持って学習をスタートし始める時期かと思います。今回は、GW までに実行しておくと後々楽になることを 5 つ紹介します。

①今、持っている参考書の整理

5 年生のうちに買った参考書などがあれば、この時期までには、ひとまず完了を目指してください。5 年生まではどちらかというとドリル系の参考書が主だと思いますが、適性検査対策用の参考書や、より難易度の高い参考書に移る時期ですので、未完了のものを一旦終わらせるか不要であれば処分しましょう。

②模試、過去問演習、プリント等のファイリング整備

これからは模試や過去問のコピーなどが、山のようになってきます。今のうちにきちんとファイリングして、整理収納

できる環境を整えておいてください。苦手な子も多いですが、その場合は保護者が主導して、「ココには塾のプリント」、「ココは学校関係」など、お子さんが悩まず仕分けできるような仕組みを作るのも有効です。模試や過去問を数ヵ月後に再度解き直しをしようとしても、何がどこにあるかわからないという状況になるのは、時間の無駄が発生するからです。

③6年生の先取り（算数・理科だけでも）

　夏からは過去問演習が本格化していきます。そこで全然知らない単元が多いと失点につながったり、解き直しに時間がかかったりして、思うように進められないというストレスの原因になってしまいます。完全に定着させるのを目指すのではなく、実際に出題されたときに、「あ、どこかで見たことあるような？」という状態にしておくといいですよ。新しい単元は2、3回反復してようやく定着するので、一度で完璧にしようとはせず、まずは60％の定着度でかまいません。

④先生への報告

　6年生の担任の先生と話す機会は、できるだけ逃さないようにしてください。チラッとでもいいので、受検することは、それとなく伝えておきましょう。もちろん、先生が受験（受検）に対してどのような考えを持っているのかは探る必要があります。担任の先生が、これまで何人も受験生を担任していた

経験があったり、ご自身のお子さんが中学受験経験者だったりすると、受検生とわかると日頃から何かと応援してくださることもあります。

⑤志望校情報の収集

　４月〜夏前後に、授業見学会や説明会などが行われる学校もあります。週１回は志望校のホームページをチェックして、情報を逃さないようにしておきましょう。定員がある場合は、予約は早い者勝ちですぐ埋まってしまう争奪戦です。前年の開催情報が残っていれば、事前に「何月くらいにどんなイベントが行われていて、その募集はいつスタートしたのか」をメモしておくのもいいですよ。

　保護者の方とお子さんとの間で、受検に対する温度差がまだまだある時期ではありますが、まずはこの５項目を参考にしてください。

1-5. 銀本はいつ買えばいいですか？

受検を意識したら、まずは銀本（『公立中高一貫校適性検査問題集・全国版』みくに出版）を購入してみましょう。とてつもない厚みなので「終わるのだろうか？」、「本当に要るのだろうか？」とためらう気持ちになると思いますが、ゆくゆくは向き合わないといけないものなので、早めに購入してください。

　毎年夏頃に発売されるものですが、そこまで待たずに最初は１年前に発売されたものから入手するのがおススメです。「まだ早いかも…」、「塾で過去問演習はするだろうし…」と考えて後回しにするのは、本当にもったいないです。みなさんが高校受験生や大学受験生だったときのことを思い出してください。敵（問題）の正体を早い段階で見極め、その後の対策に活かしたはずです。

　適性検査の問題は見ての通り独特なので、感覚的に最初から解けるような一部の子を除き、早くから少しずつ慣れていってもらうことでしか得点にはつながりません。銀本を入

手したあと、まだ本格的に対策を始めたばかりの時期だとしたら、「これはテストなんだ！」と緊張感たっぷりに取り組ませるのではなく、「今日はこの問題をやってみよう！」と大問 1 つ、小問 1 つから気軽に取り組み、「継続が苦ではない」という感覚をお子さんに持ってもらうようにしてください。

　過去問集とはいっても、問題集感覚で解きやすい問題から解いていっていいのです。ぶ厚く重い銀本は、その見た目だけでテンションが下がりそうですが、適性検査攻略に必要不可欠な存在です。銀本に一切手を付けることなく受かった子は、ごくわずかだと思います。銀本を 1 年から 2 年度分は消化した合格者の方が、圧倒的に多いです。

　今後、何度も解き直してお世話になるので、早いうちに入手し、つまみ食いのような取り組み方で充分ですので、消化しはじめてください。あの分厚さが心理的ハードルを上げるということで、銀本をバラバラに裁断して、必要ページだけ日々渡した、という方もいらっしゃいますよ。見た目で萎縮して取り入れないのではなく、いつか取り組むなら早いうちに、と考えて本番 1 年前くらいから徐々に始めてみてください。

1-6. 併願校の選び方① 本番前月受検

公立中高一貫校受検は倍率が高く、日程的にも一発勝負となるので、それ以外の併願校をどうするか…そもそも受けるかどうか…。即断できるご家庭は少ないと思います。私自身は併願賛成派なので、その立場から、併願をする目的について話してみたいと思います。本書では、目的に関わらず複数の学校に出願することを「併願」とします。

併願は、大きく分けて、２〜４週間前に受ける併願と、１〜３日前などの超直前期に受ける併願の２パターンがあります。この章では、２〜４週間前に受ける併願について書いていきますね。

中学受験（受検）界では、本命の１ヵ月ほど前から、ほぼ毎週のように、様々なエリアの学校を受けさせる文化があります。これは首都圏に限らずどこの地区でもあり、私自身も本番の少し前の時期に、隣の県まで併願に行った思い出があります。２月に試験のある東京都の方であれば、埼玉県の学校を１月に受けるというケースが多いと思います。１時間

以上離れたところの学校となると、進学先候補としてではなく、あくまでも経験値のためであり、ライバル達に囲まれ本番の空気を味わうことで、その後に第一志望の学校で落ち着いて本領発揮するための助走のような役割があります。そのため「併願校」ではなく「前受け校」と呼ぶこともあります。

　1ヵ月前に受ける併願受検は試験慣れ・場慣れに有効ですが、それ以外にも正月気分で緩まないようにするという大きなメリットもあります。例えば、2月初めに第一志望の受検を迎える子の場合、ラスト3ヵ月の時期になっても、「まだクリスマスもあるし、冬休みも年末もお正月もあるから、大丈夫！」という甘さがどうしてもあるものです。しかし、1月入って早々の時期に併願受検を設定しておくと、年末年始も緊張感が保てますし、世間のお正月ムードに流されにくくなります。お子さんの性格を一番よくわかっているのは保護者なので、「うちの子は、お正月明け早々に気を引き締めておいたほうが良さそうだ」と感じるのであれば、1月上旬に実施される学校の候補を探してみてください。

　もちろん私立中を受けるには、受験料や交通費もかかります。ですから、必ず受けなければいけないというわけではありません。しかし、小学6年生が第一志望の公立中高一貫校だけをいきなり一発勝負で受ける、というのはかなりリス

クが高いと考えます。緊張のあまり、本来の力を発揮できない
こともあり得るので、お子さんの性格に合わせて事前の併
願受検も検討してみてください。

1-7. 併願校の選び方②　本番数日前受検

2〜4週間前に他のエリアに遠征して、本番慣れを目的とする併願ではなく、第一志望校と近いエリアで、本番の数日前に受検するという選択肢もあります。

　第一志望の数日前に受ける併願は、また役割が異なります。東京の日程を例に出すと、2月3日に第一志望の適性検査が実施されるとして、その2日前の2月1日に私立を受検する、というパターンが多いですね。第一志望に近い傾向の適性検査型の私立を受けることで、第一志望とよく似たテストで、本番さながらの練習をすることができます。さらに、「〇割取れれば〇〇中学も合格の確率が高い」というような、第一志望の試金石となるデータを教えてくれるところもあります。傾向の近い学校を受けることで、最後の弱点把握をした結果、同じような切り口の問題が、第一志望でも出たというケースもありました。

　進学候補として受けさせたいのか、そうではなく、あくまでも単純に練習として受けさせたいのか、はっきり決めたう

えで併願校を選ぶ必要があります。あくまでも練習として受けさせるのであれば、最優先は合格です。過去の入試情報から倍率や難易度を確認し、合格は間違いないだろうと思えるところから探すようにします。また、併願校で特待生合格認定をもらって、自信を持って第一志望に臨むことができれば、受ける価値は大きいと考えられます。

　ただし、第一志望の受検日に近いので、疲れがたまったり、結果によってはモチベーションや自信の喪失につながったりすることもありますので配慮してください。また、例年、練習だからどこでも良い、とあまり難易度を確認せずに、一切過去問も目を通さずに受けて、結果不合格になってしまい、第一志望受検前にメンタルがやられてしまうというケースもゼロではありません。そうなっては本末転倒ですから、何のために併願するのか目的をきちんと親子で話し合い、その目的に合った学校を選ぶようにしてください。

　今は、各私立中学が様々な適性検査型の入試を実施しているため、どの学校を選べばいいか悩む方も多いかと思います。その学校のオンライン説明会などに参加して、どの公立中高一貫校を想定した問題を作っているのか確認してください。学校によっては、説明会に参加すると過去問題一式を配布してくれたり、その年に出す予定のジャンルを事前に教えてく

れたりします。さらに、年末あたりに「入試体験会」といっ
て、本番さながらのテストを行うような学校もあります。直
前期すぎると模試もなくなってしまうので、このような機会
はかなり貴重です。一人一人に弱点課題のフィードバックを
してくれる学校もありますから、第一志望で悔いなく力を発
揮するためにも、選択肢を狭めずに情報収集をしてください。

例年、9月、10月頃に、「6年生ですが志望校が決められません…」「第一志望を変えようかと思いますが間に合いますか?」といったご相談が多く寄せられます。出願時期までにまだ2、3ヵ月あるのであれば、「こんなギリギリの時期に変えたら失敗するかもしれない」と焦りすぎる必要はありません。

　実際、秋頃の模擬試験の結果を見て、志望校を変更し、その結果、見事ご縁をいただけた、といったケースも多く見られます。とはいっても、本当は行きたかったはずの学校から、合格確率を重視して別の志望校に変えたことによってモチベーションが下がってしまい、結果、直前期に頑張りきれなかった、という悔しいケースもあります。お子さん自身が、どちらの学校にも魅力を感じていて、こんなに頑張っているのであれば必ず合格したい、という強い気持ちがあることが大前提ですが、それであれば、1%でも高い所に志望校をチェンジする、という判断は、当然のことかと思います。なかには、絶対に高校受験をしたくないから、なんとしてでも受かりた

い、といった動機の子もいますが、いずれにせよ、どこを受検するにしても絶対受かる！　という気持ちは不可欠です。

　みなさんは、お子さんに公立中高一貫校を受検させよう、と最初に思ったきっかけは何でしたか？　お子さん本人からの申し出があったり、公立中高一貫校という仕組みに魅力を感じたり、通っている子達の様子や、大学進学実績、校風に魅力を感じて目指してみようと決めた方がほとんどだと思います。最初から、問題の難易度を分析したり、問題とお子さんの相性を照らし合わせたり、いくつかの学校を比較して、少しでも合格確率が高いのは…、といった理由や基準で決めたわけではないはずです。何ヵ月、何年と長期間頑張ってきて、「この学校は理系がとてつもなく難しい」「この学校は近隣の学校に比べて倍率が高い」「この学校の作文は非常に難解だ」など、いろんなことが見えてきて、志望校も含めて今後のプランを練り直す必要に迫られることもあるでしょう。

　最初のスタート時点では理想だけを見て決めていたとしても、段々と現実が見えてくるにつれ、目標地点を軌道修正することは、間違いではありませんし、誰に気を使う必要もありません。
　塾に通っている場合は、お子さんの適性を見て、第一志望にしている学校ではなく、近隣の別の公立中高一貫校を勧め

られるケースもあります。特に首都圏の場合、近い距離に、いくつか公立中高一貫校があり、「選ぶことができる」という恵まれた状況であることも、悩みの種と言えます。エリアによっては、一校しかなく悩みようがないのですが、二校、三校と通学圏内に魅力的な公立中高一貫校があると、さらには、お子さんの頑張っている背中を日々見ているからこそ、「1％でも合格確率が高い所を」と望み、志望校をチェンジしようとするのは、戦略としても親心としても理解できます。

　ここからは、志望校を6年生の夏以降に変える場合について話していきたいと思います。お子さんとよくよく話し合って、万が一ご縁がなかったときに、「やっぱり最初の第一志望を受けておけばよかったなぁ」と不完全燃焼の種を残さないようにすることが、一番大切です。親子で納得のいくまで話し合い、新しい志望校が決まったら、後はどう対策を練り直すかです。例えば茨城のように、県内の公立中高一貫校全てが、共通の問題を使用する県があります。ですが、問題が同じだからといって、対策が同じで良いわけではありません。学校によって合格最低点が全く変わるからです。狙う学校によっては、よりハードな学習にしたり、より安定して点数が取れる方法を探したりする必要があるでしょう。もちろん面接の違いについても考えなければいけません。

　また、共同問題もありつつ、学校の独自問題があるエリアについては、塾の先生にも相談しながら、今後の対策について、何を変えるべきか、計画を練り直す必要があります。作文のタイプが違う、理系の難易度が違う、等々、学校が違えばカラーが変わります。今までの過去問演習で培った力はもちろん大切ですがそれは一旦頭の中からリセットして、まっさらな目で新しく決めた志望校の過去問演習をしながら、急ピッチで分析をする必要があります。さらに、受ける予定にしていた模試も、第一志望の設定を変えておく必要がありますし、場合によっては、新しい志望校に特化した模試を探す必要も出てくるでしょう。

　ここで気をつけたいのは、志望校を変えたことにより、お子さんや保護者の中で、「こちらの学校であれば大丈夫だろう」という油断が生まれることです。

　よりハードな志望校へチェンジするご家庭は稀でしょうから、ほとんどの方が、第一志望にしていたところよりも偏差値的に、もしくは倍率的に、少し穏やかなところに変えていることかと思います。このような油断によってエンジンがかかりきらず、最後の最後で甘えが出てしまったケースは、けっして少なくありません。

　今まで、その地域の中ではかなりハードルの高い公立中高一貫校を目指していたけれども、志望校を変えて、適性検査の数が少ない学校にしたり、倍率が低いところを選んだりす

ることによって、なんとなく受かる気がしてしまって、緊張感が途切れてしまわないように細心の注意を払う必要があります。

　志望校を変えるということは、より一層頑張って、合格確率を上げていかないといけない、ということです。志望校を変えたからこそ、絶対に自分に負けないようにする、と強い気持ちで日々の学習の気を引き締め直すような声掛けが必要です。何のために志望校を変えるのか、しっかりと話し合うようにしてください。

1-9. 受検直前期に小学校を休ませるかどうか

新型コロナウイルス感染症が流行しはじめた頃から、万が一の事態に備えて、受検直前期に小学校をお休みする家庭が増えてきました。学校や先生の側からも、先回りして休むようにメッセージをくださるケースも、ここ数年でかなり増えたと感じています。確かに、公立中高一貫校の受検は一回きりで、何かあってからでは遅いので、数日から１ヵ月弱ほどお休みをする方も多いです。もちろん、完全に行かないというわけではなく、週のうち数日だけ通うとか、３学期の始業式は参加して、あとは本番までお休みしたり、登校はせずともオンラインで朝礼のみ参加したり…と、オンライン通学が急速に浸透したことによるシステムをうまく活用している方もたくさんいます。

(＊感染等による受検日の延期措置が設定されている学校も一部あります)

　受験（受検）シーズンに休ませるかどうかは、地域ごとの文化にもよります。私立中学受験が盛んなエリアでは、毎年１月以降は登校人数がまばらだったりします。特に直前期は、

報告書の出席日数カウント (不要の学校もあります) の対象期間外なので、心おきなく休めるようです。

　とは言え、休んだほうがその子のためになるかどうかは、慎重な判断が必要です。時期的に気持ちが大いに焦ってきていて、学校に行かなければ自習時間が十分に取れると考えがちです。しかし、学校に行っていたとしても、限られた時間で効率よく淡々とやるべきことをこなせる子もいます。逆に休んだことによって、だらけてしまい、結果的に親子のぶつかりが増えてしまった、というケースもたくさん見てきました。

　休むからには、きちんと自宅学習が進められるかどうか、親子で話し合いをしてください。休みたくても、委員会活動などがあり休めないという子もいると思います。最高学年ですし、責任がある仕事を避けられないこともきっとあるはずです。もちろん、受検シーズンに大きな役割に立候補することは、そもそも避けたほうが良いですね。任された場合には、受検生であることを周囲に伝えた上で、家で進められることを持ち帰って自宅で進めた、という方もいました。

　休む場合は、学校にどのように報告すべきか、気が引ける方もいらっしゃるかもしれません。実際には、学校の先生側

も慣れていることだと思います。できれば、休んだ場合にどのように過ごすか、提出物などもどうすればいいかなど、お子さん自身が、きちんと先生に相談するように促してください。最終的には、保護者と先生とのやり取りや手続きが当然必要になると思いますが、自主自立（自律）を重んじる公立中高一貫校を志望する受検生なのですから、全て親が決めて先生とやりとりすることで完結するのではなく、自分が学習時間を捻出するために休むこと、そしてその期間はしっかり努力することを、本人の口から先生に伝えるよう促してください。

公立中高一貫校の場合、暗記しなければならない知識型の問題が出る学校は少ないので、前日に何か思いっきり知識の再確認や詰め込みをする必要は全くありません。また、難しい問題を解いて、前日に自信を喪失させてしまうのが一番良くないです。何か取り組むとしたら、社会分野の資料を軽い気持ちで見る程度にしておきましょう。

銀本を、パラパラめくってみるとたくさんの資料が載っていますよね。解かなくていいので、一つ一つ資料を見ていくと、見るからにややこしそうなグラフや、小難しい漢字がたくさん登場する表などがあります。さらっと眺めるくらいでいいので、見ておいてください。銀本演習をしているときは解くのに必死なので、資料の内容をじっくり見ていないものです。ところが、問題を解かない前提で資料だけ眺めていると、世の中の仕組みや、社会の課題について、「へえ、そうなんだ」と気づくことがいろいろあります。

交通網の地図や林業の推移、伝統的な食事など、子供達が

普段の生活であまり目にしないようなジャンルのものもあるので、新聞を読むようなつもりで資料を眺め見ると、いろいろな気づきがあるはずです。適性検査の社会分野で扱われる資料は、当然ながら主に公的機関がまとめた「元データ」があります。そこから問題作成者が問題に出しやすいようにちょっと形を変えたり、必要な年度だけを切り取ったりして使っています。よく似たようなテーマが多く出題されているのはそのためです。

　前日に何となく見ていた資料と同じテーマや似たようなグラフが、本番で出るということは本当によくあります。解く必要は全くありませんので、ざっと読みながら目を通しておいてください。見たから本番で解けるかどうかは別問題ですが、「あ、これは昨日見た資料だ！」というサプライズが起これば、そこから一気に緊張が解けて実力以上の力を出せることも多いのです。

　記述は、１日や２日でレベルが急に上がったり下がったりすることはありませんので、受検前日はこのように社会の資料や、これまで書いた作文などを眺めてください。あとは、過去の頑張りをポジティブに振り返り、万全の状態でしっかりと力を発揮するシミュレーションを頭の中でして、その日は終わりにしましょう。

第 2 章
マネジメント編

この章では、保護者の方がどのようにしてお子さんの受検生活をサポートするか、といった「マネジメント」に関する内容をお伝えしていきます。

　中学受験は、公立・私立に関わらず、接し方が非常に難しい時期に行われることになります。言って素直に聞くお年頃ではありませんから、中学受験のストレスと、反抗期が相まって、想像していた以上の難しさを感じることもあるかと思います。保護者の方が、良かれと思ってアドバイスしたことも、批判と捉えて必要以上に反発されバトルに…ということもあると思います。間違えたことに対しても、それを認めたがらず意地を張ったり、思うように点が取れずそのモヤモヤを保護者の方にぶつけたりすることもあるでしょう。そして親子バトルから、ご家族全体のバトルにまで発展することもよくあることです。

　セミナーやブログ等、いろいろなところで常にお話していることの繰り返しではあるのですが、中学受験は、あくまでも、「各ご家庭の自由」です。絶対しなければいけないことではありませんし、無理にしなければい

けないものでもありません。にもかかわらず、いつの間
にか引くに引けなくなってしまい、親子ともに肩に力が
入りすぎた結果、「～～しなければいけない」という考
えで頭がいっぱいになり、身動きが取れず一触即発状態
になっているご家庭の話もよく聞きます。「中学受験は
母親の狂気」という表現が某マンガにあり話題になった
こともありましたが、「自分に限ってそんなことはない」
と思っていたママさんも、いざお子さんが受験学年にな
り、本番が差し迫ってくると、売り言葉に買い言葉の応
酬の日々で、「私が一番子供のモチベーションを下げて
いるのでは」と頭を抱えていらっしゃる方も多いです。

　また、『最初は「受かればラッキー」くらいの気持ち
で始めましたが、今は何としてでも受からせたいと親の
ほうが必死になってしまって…』と、合格に対する親子
間の温度差に悩み、思い詰めている保護者の方も多いで
す。

　この時期の子供達は小さな大人でもあり、大きな子供
でもあり、接し方には攻略法も正解もないと感じます。
私は一講師としての関わり方しかしていませんがそれで
も難しいと感じますから、毎日一番近いところで接して

いる保護者の方の大変さを思うと、頭が下がります。

　どうか、受験を志した当初の「このチャレンジが、子供のためになるはずだ」という気持ちを見失わないようにしてください。今の取り組みやぶつかり合いが親子のためになっていないのであれば、「今は受験すべきタイミングではないのかもしれない」と考え、受験そのものの時期を３年後、６年後にスライドして高校受験、大学受験に向けたスタートダッシュに切り替えたほうが、結果的にお子さんにとってはプラスになる場合もあります。

　公立中高一貫校の受検はどうしても高倍率ですし、問題との相性によっては賭けになることも大いにあります。そんな不確定な要素の多い公立中高一貫校の受検で、親子関係に深い溝を作ってしまうのは決して良いことではありません。保護者の方自身も、うまく周りに協力を仰ぎながら、抱え込み過ぎないようにしてください。

　ところで、お子さんと、保護者の方は、性格にどのような違いがありますか？　人の性格を簡単に分類するこ

とはできませんが、「楽観的」と「悲観的」の２タイプに（かなり乱暴な分け方ですが）分けたとします。合格するご家庭は、このバランスの取り方がとても上手だと感じます。片方が「なんとかなる！大丈夫！」と楽観的で良い面を見るタイプだとしたら、もう一方は、「いやいや、そんな甘くないよ…あれもこれも不安だ…」と弱点に頭を抱えるタイプである、というふうに、アクセルとブレーキのバランスが上手に取れているように思います。

　これが、例えばママさんが非常に心配性で「不足」にフォーカスするタイプで、お子さんもご自身の弱点にばかり目を取られてしまって不安を抱えやすい性格だったりすると、直前期にもなると二人してズーンと沈んだ表情で机に向かっている…ということがあります。
　逆に、親子そろって「なんとかなる気がする！」と思い込んでしまっているのも、危険です。

　受検生活全体を通して親子でバランスを取ることも大切ですが、模試の結果が返ってきたタイミングや、過去問演習をしたときなど、その時その時で保護者の方自身

がお子さんの捉え方の偏りを把握し、あえて悲観的な視点で分析したり、無理にでも楽観的にふるまい声掛けをしたりしなければいけないこともあります。

　以前、ある保護者の方が「受検生の親は女優になる必要があるんですね」とおっしゃったことがあります。この表現には私も「なるほど！」と感じました。まさにその通りで、お子さんの様子や性格に合わせて、同じ方向に偏り過ぎないよう客観的に眺めるようにしてくださいね。

　今後の受検生活の中で、様々なタイミングで、様々な課題が吹き出してきます。この章では、主にお子さんのメンタル面の支え方にフォーカスした内容をお伝えしていきます。受検生であるお子さんにとって、保護者の方は、管理者（ペース、日々の取り組み、体調…etc）でもあり、評価者でもあり、精神的な支柱でもあります。多くの役割が求められますので、この章で紹介する様々な事例を参考にしながら、今抱えている問題は自分だけではないことを知り、参考にしていただければと思います。

2-1. スケジュール管理、どこまで親の管理が必要ですか？

中学受検におけるスケジュール管理を、どこまで保護者が関わるべきか、悩ましい問題です。「自分で計画できて、実行できる子しか受からない」というのは、都市伝説レベルの話です。「ある程度は自分で管理できるようになる」子もいれば、「最後の最後まで保護者頼み」というケースも多々あります。毎日やるべきことを保護者の方が決め、そして取り組むプリント類も全て朝用意し、お子さんは取り組むだけ、という完全管理体制のご家庭も多いです。

　毎年夏休み中盤あたりから、「せっかく決めても、結局続かず、『次からちゃんとやる』発言に毎度振り回される」というご相談と、「あまりにもきついスケジュールを本人が組んでしまい、見ていて心配に…」という真逆のご相談が、同じ割合で届きます。反抗期に入ってきていることもあり、どちらのタイプも接し方が難しいです。

　しかし、こればっかりはお子さんの個性なので、「学習に向かうスタイルは、変わらないもの」と割り切ることが大切

です。根を詰めすぎるタイプの子が急に肩の力を上手に抜き始めたり、うまく誘導して何とかやっと動くタイプの子が急に勉強に対して心配性になったり、というような驚きの変化は起きたためしがありません。

　それを踏まえ、「しかるべき時期になったら、うちの子も願っている方向に変身するはず」と期待するのではなく、「100％ではないけれど、50％はお互い納得できる、『親と子の妥協点』を探していく」と考えると、精神的にも消耗せずに進められます。

　もうちょっと踏み込んで言うと、「ケンカの火種にギリギリならないくらいの距離感（もしくは、バトルにはなっても、長引かない程度の距離感）を探す」というイメージです。これは、なかなか簡単に見つかるものではありませんが、お子さんに合ったサポートができるのは、一番近くで見ている保護者だからこそです。

　どこまで親がやるべきことを決めるのかは常に悩みの種ですが、他のご家庭の進め方や合格体験記などの絵に描いたような素晴らしい親子関係に、心惑わされることなく、お互いストレスなく継続ができるサポート方法を探すようにしてください。

2-2. 習い事との両立は？

最近は、英語やプログラミング、ピアノやスポーツ系など、何かしら習い事に通いつつ、受検勉強と両立をしているご家庭が多いです。しかし、日々の使える時間の少なさに、いつまで継続すべきか悩んでいるというご相談も毎年多いです。息抜きにもなっている場合もあり、また、本人がとにかくやめたくないと言っていたり、スポーツ系は抜けるとチームに迷惑がかかったりすることもありますから、受検生だからといってスパッと切り替えられるものでもなく、正解がない難しいテーマだと感じます。

　時間・体力・精神面…本人にどのくらいの負荷がかかる習い事なのかにもよりますが、習い事を続けるのであれば、学習の中長期目標を作ることと、両立するための環境を整えることが望まれます。

　目標の例としては、
・日々の細かい目標：（毎日、朝はドリルを２ページ、下校後は〇〇、夕飯後は□□、など）

・中期的かつ物理的な目標：（〇月中に△を□ページまで完了、など）
・中期的なベンチマーク：（〇月の△模試で志望校内上位30％、など）
を、お子さんの希望を聞きながら一緒に決めてみてください。

　習い事が受検勉強と同じか、それ以上にハードな場合（例えばコンクールや大きな対外試合が定期的にあるようなケース）、週の中で調整可能というルールにするなど、「両立できる環境」を作ることが大切です。

　例えば、「今日できなかった分は、明日早く起きてやろう」、「今週の平日はあまりできなかったから、週末にガッツリやろう」というように、週単位で調整できれば理想的です。また、「今日やるべきこと」を決めても、体力的に疲れてしまって集中力が切れている日も想定し、「全部はできなくてもコレだけは絶対に取り組む」というものを一つだけ設定しておいて、その日のメニューは一つだけにする、という決まりを作ってもいいですね。

　習い事も大切ですが、受検日は着々と迫ってくるので、こうやって細かな目標、方針、取り組む内容を決めるうちに、「やっぱり９月になったら、受検が終わるまではお休みしよ

うかな」と自分から決める子も多いです。公立中高一貫校の倍率は高いため、習い事をやめて受検勉強に専念したとしても、「もっと早くやめればよかった」、「それならやめなければよかった」と、あとからモヤモヤするのは、親子の今後の関係のためにも、絶対避けたいところです。こまめに本人の気持ちを聞きながら、柔軟に軌道修正してあげてくださいね。

2-3. 答えを丸写ししているようです

答えの丸写し事件が発生した場合、どのように対応すべきか…、私も非常に悩む問題です。適性検査は面倒な記述も多いということもあり、気持ちはわかるのですが、そうは言ってもやはり気分が良いものではありません。毎年のように「あ、これ写したな」と気づくことがありますが、どう伝えるべきかが難しいです。

　生徒が答えを写していることに気づいていたとしても、最近は叱る塾講師は少なくなりました。私が中学受験生だった頃は、宿題の答えを写していたことが発覚しようものならこってりしぼられ、親もまじえて相当注意された経験もあります。しかしながら、ここ数年は保護者が気づくというケースばかり聞きます。内容を見ると、「どうしてこれを塾の講師は気づかないんだろう」と最初は違和感を覚えました。でも今は、講師は気づいていないのではなく、気づいたうえで静観しているか、少し厳しい言い方ですが、諦められているのだと思っています。

　倍率が高い公立中高一貫校受検の場合、全員を合格させることは現実的ではありません。合格すべき子を合格させる、というシビアな考え方をしないと、非効率ですし講師側のメンタルが持ちません。講師は出した課題や過去問の答えは、当然ながら頭に入っていますから、答えを写していれば（記述を多少アレンジしても）確実に気づきます。その上で何も言ってこないとすれば、その子の学習に対する熱意を回復させることに時間を費やすよりも、その他のどんなに面倒でも泥臭く頑張っている子のフォローに力を入れますし、私もそうすべきだと思います。

　ただし、「面倒くさいから写してしまえ」という考えはもちろんダメですが、「写す＝悪い事・ズル」とは、適性検査においては、一概には言えません。「わからないから、解答の記述を途中まで見てヒントをもらってから解こう」、「この作文のネタが全く出てこないから、模範解答例を読んで真似してみよう」という、「前向きな写し」なら、わからないからと白紙で終わらせるよりも、よほど建設的だと思います。

　けれども、子供達は、「解答を先に見る＝ズル」だと大人以上に思っているので、このような「解答の参考」も隠しがちになり、親や講師にばれないように巧妙なアレンジをして写したりします。講師は絶対に気づくものですが、本人だけ

は「気づかれていない」と思っているのです。そして段々
とその頻度は増えていき、結局は難問に対して粘ることをし
なくなります。そうしている間に、自分の力で最後まで向き
合おうとコツコツと努力してきた子に追い抜かれてしまいま
す。

　まずは、「写したことの理由がきちんと自分でも申告でき
る環境」を整え、「ここまでは答えを見た、でもここからは
自分で解いた」ということが何のプレッシャーもなく保護者
に言えるような下地作りが必要です。そして、「悪い写し」
と「建設的な写し（参考）」の線引きをルール化することと、
それが適用されない、一切解答の参照不可のもの（例：志
望校の過去問や二度目の直し）を事前に決めることが大切で
す。

2-4. 同じような問題を繰り返し間違えます

参考書や模試で間違えた問題は、きっちり解き直しをしているのに、なぜか同じような問題で間違い続けてしまう…。このような疑問を感じる保護者はたくさんいらっしゃるはずです。

これは、なぜその問題を間違えたのかという原因の分析までしていないことと、次に似た問題が出たときどう対応するかというシミュレーションまでできていないことが理由です。

例えば、小数点が絡む割り算で間違えたとします。すぐあとに解き直しをすれば、おそらく二度目は正解できるでしょう。そこで、「解き直し完了」にしてしまっているケースが多いのです。一つ一つのミスに対して、「どうしてそのミスが起きてしまったのだろう」と考えることは、目の前の課題をさっさと終わらせたい子供からすると、苦痛でしかありません。もう一度解いて正解だったから OK と考え、次に進むのは自然なことです。

しかし、「筆算が斜めにずれていたからだ」、「雑に書いた5と6を見間違えてしまったからだ」など、正確な原因分析が不可欠です。次に全く別の計算をするときにも、「筆算はまっすぐ書かなきゃ」、「5と6を私は間違いやすいから気をつけよう」といった教訓の積み重ねがあれば、同じミスを減らすことができます。

計算の例だけでなく、文章読解でも同じことです。適性検査に使われる文章題は多岐にわたるので、たまたま今回読んだ文章で読解のズレが発生した場合、「なんだ、ここに線を引けばよかったのか」と解説を読んで理解し、それをもとに再度取り組むと、その場での読解ズレは収まるでしょう。しかし、上達が早い子というのは、「なぜ読解のズレが起きたのか」まで分析をし、「筆者がこういう言葉を使っているときは線を引かなければいけなかったんだ」というような汎用性のあるコツをつかみます。そして全く異なるジャンルの文章にあたる際も教訓を生かし、主旨に合った答えを作り出すことができます。

また、作文を書いたら時間がかかりすぎて、1本仕上げるのに60分もかかってしまった、というようなことがあった場合も、おそらく書き直しをすれば、理想的な制限時間の中で書き切れるでしょう。しかしそこで満足せずに、「なぜオー

バーしてしまったのか」と考え、「事前に構成を立てなかっ
たからだ」、「構成を立てたが、細かいところまでは決めてい
なかったからだ」など、原因がわかれば次どうすべきかがわ
かります。

　大人になると一つ一つの行いに責任が伴うので、「間違っ
ちゃった、やり直せばいいや」ですまないことが圧倒的に多
いですよね。原因の解明や次にミスを起こさないためのマ
ニュアルを緊張感を持って頭の中で組み立てるはずです。こ
の、「次は絶対に起こしてはいけない」という緊張感を 12
歳の子供は、まだ持てないのです。今目の前で起きた小さな
一つのミスが、本番でも起こるかもしれないと想像するのは、
難しいものです。

　同じような間違いを繰り返しているようであれば、批判的
な言い回しにならないように注意しつつ、ミスが起きた原因
や次どうすればよいかを会話のキャッチボールの中で確認を
してください。この分析と教訓という視点は、慣れれば無意
識にできるようになっていきますので、最初のうちは保護者
の方が誘導してあげてください。

2-5. 反抗期に突入しました

中学受検生はちょうど難しい年頃になりますから、親の介入を嫌がるのは自然な発達段階と言えます。そうはいっても、記述力の問われる適性検査対策には、親の関わりは欠かせないので、親子関係と受検対策は、どこかで切り離して考える必要があります。

最近は、「親塾」という言葉もよく聞きます。公立中高一貫校は塾に通わず、親が主導して合格までサポートする「親塾」の割合が私立中学受験よりも高いです。「親塾」がうまくいっているケースは、衝突する親子関係もありつつも、それと同時に合格という同じ目標に向かって共に進む、師弟関係のような間柄もあり、どちらかに偏り過ぎないバランスの良さを持っているように思います。

一方で、「とにかく反抗してばかり！」、「添削してミスを指摘すると、数日はふてくされる」、「添削した内容に対して、反発して言い返してくる」などの状態で、最悪の場合は、添削を始め一切の関与を避けるようになってしまいます。そう

なると、親が誤字脱字や説明の論理性などのミスや違和感に気づき指摘する機会がなくなり、いつまでたっても部分減点だらけの記述になってしまいます。

　まさに、現在進行形で頭を抱えている保護者の方も多いのではないでしょうか。「もう勉強のサポートどころではない」と、保護者がメンタルを消耗してしまっているケースも多いです。「この子は中学受検には向いていないんだろうか」とまで、考えてしまうこともあるかと思います。受検のプレッシャーが反抗期を悪化させているケースもあるので、本当ならしばらくは距離を取って見守りたいところですが、本番は待ってはくれません。

　ひどい時期は何をしてもダメなので、そういう時は、第三者を間にはさむしかありません。親子で勉強していても、ぶつかり合うばかりであれば、塾の単発の講座や個別指導を利用するなどして、勉強を見る役目を保護者から他に委ねてみてください。どんなご家庭でも、「学習指導」は保護者以外の方がうまくいくことが多いですから、理想的な「親塾」の話を聞くとモヤモヤしてしまうとは思いますが、ヨソはヨソです。保護者には、褒める・叱る・体調（心身ともに）管理をするという他の誰にもできない役目があるので、あまりにも衝突がひどいようであれば、勉強だけでも第三者に任せて

みてください。

2-6. 銀本を始めたものの、心折れました

銀本に取り組み始めてしばらくすると、「解くのに時間がかかる」、「解き直しも大変」、「答えを見ても記述の場合は合っているかどうか判断が難しい」といった壁にぶつかります。過去問（銀本）は、最初は本当にほぼ修行のようですし、モヤモヤが許容量を超えると、取り組むことに嫌気がさしてくるかと思います。

　それでも諦めずに取り組んでいると、1ヵ月半を過ぎたあたりから、「解いたことがあるジャンルだ」、「前も似たような資料が出ていた」という発見が増えてきて、ずいぶん気持ちが楽になってきます。この「発見の段階」にたどり着かないまま、挫折してしまうことがとても多いのです。「最初の苦しい時期はみんな通る道！」だと思って、諦めずに続けていきましょう。

　全てを保護者が採点しようとすると、負荷が大きいので、ある程度わかり切ったところはお子さん自身が解答例を見て自己採点してもらいます。採点しながら解答例に目を通し、

「なるほど、こういう書き方をすればいいのか」と自分の引き出しを増やすのも大切な取り組みです。ただし、記述が多いので、子供任せにすると雑に採点したり、誤字脱字の発見が漏れたり、全て自己完結だと緊張感もないので、取り組む効果が上がらないこともあります。

　そのため、基本は自己採点をさせつつも、全体の体裁（誤字脱字や表記）のチェックをし、判断に迷うものは保護者が解答例と照らし合わせながらチェックする、という「二人で丸付けをする」という決まりにしておくと、お互いの役割がはっきりして継続がしやすいです。

　答えが「略」になっているものもあり、解答例とは方向性が違っていて〇にしていいかどうか迷うこともあると思います。そもそも記述が多い問題で、完璧な唯一の答えは存在しないので、たとえ解答例とは違いがあっても、誤字脱字や日本語の不自然さがなく、保護者の方から見て突拍子もない答えでない限りは、思い切って〇にしてください。小学校のテストでは〇か×かですっきり採点できる問題がほとんどなので最初はためらうと思いますが、「これが適性検査だ」と割り切って、判断に迷ったら決定権は保護者にある、というルールで進めてください。

　当面の目標は銀本の「継続」なので、それ以外の取り組み（参

考書など）は、一旦セーブしましょう。シールやスタンプを活用して、銀本の取り組みを視覚化したり、「ここまでできたらおやつタイム！」など、ゲーム化したりするのも効果的です。

　また、最初のうちは、「丸付けしたあと、解答例を書き写す時間が、解いている時間より長い」という時間的逆転も普通に起こります。解くのは 45 分でも、その解き直しをする際に、真面目な子ほど、きっちり解答例を写すので、模写で１時間かかってヘトヘト…という話も時々聞きます。一日で解き直しまで完了するのはきつい…という場合は、解く日と、解き直す日を分けて取り組むのもいいですよ。

　学校の時間割や通塾、習い事の有無によってそれぞれみなさん余裕のある曜日とない日があると思うので、余裕がある曜日を２日ほど選んでその日は１校だけやって簡単に答え合わせだけで完了にする、ちょっと忙しい曜日には解き直しだけに専念する、予定が詰まっている日はやらない、というようにメリハリをつけて継続するようにしてください。

2-7. 模試の結果がどんどん下がっています…

適性検査は、説明や会話文を読み解く読解力が求められます。そのため、6年生の中頃（夏休み前後）までは、文系の力が高くて、読み取る能力や説明能力に長けた子が安定した順位を取りやすいです。しかし、9月頃からは、だんだん模試も難しくなり、理系の問題をしっかり解く力がないと、思うように点が取れなくなっていきます。また、算数や理科の応用問題に強い子がどんどん追い上げてくるため、なおさら厳しい戦いになっていきます。

6年生の秋以降、次第に成績が振るわなくなってくる子は、大抵このパターンです。成績が下がってくると、良かった時期があるだけになおさら落ち込み、「ダメかもしれない」と弱気になり萎縮しやすいものです。そうなると、長い説明文や会話文を読んでも集中できず言葉が頭を素通りしたり、ややこしい資料問題に恐怖を感じたり、必要以上に不安を感じて書きすぎて減点を招いてしまったり、といった空回りが起こり始めます。

　このようなケースは、珍しいことではなく、毎年よく見かけます。まずは、「点が取れる」という感覚を取り戻してもらうことが最優先です。適性検査は、私立中学受験のように、定着した知識が出れば解答欄を埋められるといった、一問一答形式ではありませんし、覚えた公式をそのまま活かせるものでもありません。様々なアイデアを出し、それをおそれず文字にしていくという勇気が必要です。

　そんな適性検査に対して、またダメだったらどうしよう、どうせまた下がる…、といったネガティブな気持ちで向かうと、ますます悪循環に陥ります。ちょっと負のループに入っているなと感じたら、今取り組んでいるものの難易度を下げたり、直近の模試をお休みにしたりして、解けるものを取り組ませて自信を回復する時間を作ってください。

　その時は、一度解いたことのある過去問を取り組むのもいいと思います。たとえ２回目だったとしても、しっかり取れているのであれば、また前回よりも多少なりとも点が上がっているのであれば、きちんと努力が結果となってついてきていることをお子さんに伝えてください。落ち着いて取り組めば、解ける問題はたくさんある、という感覚を取り戻してもらいましょう。

記述型の問題が多い学校の場合、読み取り不足というよりも、難しく考えすぎたり説明しすぎたりして、混乱しているうちに答えがずれているケースもよく見かけます。不安な気持ちで肩に力が入った状態で解いても、適性検査はうまくいかないので、自信を回復させ、「受かる気がする！」と気分良く日々取り組んでもらうように誘導してください。

2-8. 本人との温度差が激しいです

　お子さんが学校から帰ってくる時間よりも、ママさんがお仕事から戻ってくる時間のほうが遅い、というご家庭はたくさんいらっしゃると思いますが、最近よく聞くのは、「これをやっておいて」とお願いしていたことを、ママが戻るまでに全く終わっていない、もしくは、やったと言っているけれども、見てみると明らかに「片付けた」感じが伝わってくるといったご相談です。

　おうちの方は、お子さんが受験したいと言う気持ちを応援し、様々な方法を考えたり塾に通わせたりして背中を押しているものの、お子さん本人との温度差を感じて、悩んでいらっしゃる方は多くいます。

　最初に厳しい話をしておくと、このようなケースは想像通りこの後苦しくなっていきます。適性検査で苦しむかどうかというよりも、入学できたとしても、公立中高一貫校は受検勉強以上に勉強に追われ続ける毎日が始まりますので、もともと、机に向かうことが好きでないと結局苦しくなってしまうという意味です。

小学生のうちは、特に男の子の場合は、受験したいと意地を張っていっている側面もありますし、「受験したい」「受かりたい」という発言と、日々の姿勢が全く一致しないケースは多いです。見ているほうは本当にやきもきしますよね。

　とは言え、この親子間の温度差は、模試を受けたり学校見学に行ったり、塾でライバルの追い上げを感じたりするような機会を経て少しずつ埋まっていきます。男の子でいうと、大体冬頃でしょうか。そんなギリギリの時期に、と思うかもしれませんが、そんなものです。小学生が自ら進んで、机に向かい、やるべきことをしっかり考え、自立した学習をする、なんてことはまずありえないことを保護者の方自身がしっかり理解しておいてください。

　ちゃんとやらないからダメではなく、頑張るタイミングはその子次第ですし、それが小学生でできる子もいれば、高校受験大学受験でできる子もいます。そのタイミングはその子によって全く異なります。今できないからとプレッシャーに感じないようにしてください。

　とは言いつつも、本人が受かりたい、と強く望んでいる場合、それでも日々の学習に疑問を感じる場合、いつか気持ちを切り替えるだろう、いつかやる気のエンジンに火がつくだろうと待っている時間はもったいないです。今まで通りサポートしつつ、時々はママさんがしっかり怒りつつ、ときに

は塾の先生など第三者の力を借りてハッパをかけてもらう、など、「頑張らないとまずい」と思わせるような声掛けは必要かと思います。

　お子さんとの温度差を感じた場合、一番よくないのは、ママさん、もしくはパパさんがお一人で、孤軍奮闘状態になることです。そうすると、お子さんのちょっとした様子や成績の変化で頭を抱えてしまい、大きなバトルや衝突が起きやすくなってしまいます。

　同じように奮闘している保護者の方がたくさんいるので、時々は、ストレスを発散させながら、怒るべきところは怒り、「小学生はこんなもの」「自分が子供のときもそうだった」と思いながら、支えるときは支える、と焦りをうまくコントロールするようにしてください。

　また、モチベーションがまだご本人の中で上がりきっていない場合に、あれもこれもやらせようというのは無理な話です。ご本人の気持ちや姿勢を変えるのではなく、日々の取り組みを強制的なものにして、勝負できる状態に引き上げる、という強いサポートが必要です。もちろん、本人に任せ、どこまで頑張れるのかそっと見守る、といった方法もありますが、なかなかそれでは合格が難しいのは予想できると思います。

　ご本人がある日突然心を入れ替えたかのように理想的な受

験生になり、日々やるべきことを自分で考え、それをきっちりこなし着々と力をつけていく、なんてことはまずあり得ませんから、心を鬼にしてどんどん介入をしてください。

　今日はこれをいつまでにやって、そしてそれをどのタイミングで解き直しをするか、など細々決めるようにしてください。そしてもしそれができないのであれば（もちろん現実的に不可能な量を渡すのではなく、これくらいならできるだろうという取り組みに限りますが）、どうすればできるか、どこか無駄にしている時間はないだろうか、と話し合うなどして、冷静に管理をしてください。

　とは言え、このような強制案はいきなり、そして長期間やろうとすると、お互い疲弊します。例えば２週間だけやってみる、今月だけやってみる、といったように期間を決めることを勧めます。「この期間で本当に受験できる力がつくかどうか確かめるために、思いっきりやってみる期間にしよう」と、イベント感覚でお子さんと楽しんで取り組むようにしてください。

　温度差があるといっても原因は様々ですが、お子さん自身が、「受かるかもしれない」と思わないことには当然モチベーションは上がりません。特に最近の子供達の傾向として、う

まくいかないだろうな、と思うことは徹底して避ける傾向が
強いように感じます。「いけるかもしれない」、「あとちょっ
とで届くかもしれない」、というくらいの目標であれば頑張
れるように思います。

　モチベーションの低下や温度差を感じたときほど、ここま
でできれば充分戦える、これをすれば苦手な〇〇ができるよ
うになる、というふうに到達可能な目標を提示し、そのため
にやってもらいたいんだということをはっきり伝えるように
すると、少し取り組みやすくなりますよ。

2-9. めんどくさそうな問題をすぐ飛ばします

適性検査に出てくる問題は計算が絡むことが多く、しかもその計算も桁数が多かったり、小数第二位、第三位まで必要だったりと、時間がかかる問題が多く見られます。

また小数同士の掛け算や割り算など、油断すると芋づる式にミスが発生してしまうという怖さもあります。さらに、ただ計算すれば良い、というわけではなく、計算に必要な数字を自分で資料や会話文から探したり、単位を入れ替えたりと、ちょっと一捻りがある問題が多いのも厄介なところです。

時間に余裕があれば良いのですが、様々な複合分野の問題のオンパレードで、しかも制限時間が厳しいとなると、パッと見てややこしそうな問題を飛ばしたくなる気持ちは非常に理解できます。

6年生の秋頃になってくると、多くの受検生が適性型に慣れ始め、「飛ばす」ことが上手になってきます。時間が厳しい中で、少しでも取れる問題を探し、そこから取り組んでい

く、といった取捨選択ができるようになってきます。

　しかしこれが逆効果となって痛い失点を経験するのも、この時期の特徴です。飛ばしたところが実は簡単な「お宝問題」だったり、配点が大きかったり…。確かに飛ばしたことで他の問題に時間が割けたかもしれませんが、総合得点で見ると伸び悩むようになります。

　飛ばしたことでうまくいくときもあれば、家に帰って冷静に解いてみると、飛ばさないほうが良かったと悔しい思いをして、飛ばすべきか、飛ばさず粘るべきかわからなくなり、適性検査タイプの問題に向き合うことが怖くなってしまう子もいるほどです。

　いかにも面倒くさそうな計算が絡む問題を飛ばすのは、計算力に自信がないからだろう、小さなことで焦って計算ミスをするのは、練習が足りないからだろう、と計算ドリルのような参考書を追加したほうがいいか悩む方もいらっしゃるはずです。

　もちろん適性検査を解く上でベースとなる正確かつ迅速な計算力は必須ではありますが、鍛えるべきは、「難しそう」と感じる問題に粘る力です。ただ粘るだけではなく、粘った上で、解き切る応用力が必要です。表面的な計算力だけ伸ばしても、この力は身に付きません。

何かの問題を飛ばすということは、途中まで読んで少し考えてみて、それでもやっぱり飛ばし、次の問題に行き、そして他の問題が終わってからまた戻ってきてイチから考え直して、というUターンをするということですね。つまり、最初に読んで考え、飛ばす判断をする時間と、後から戻って来てまた読み直して考える時間、というロスがどうしても発生することになってしまいます。

　厳しい制限時間から考えても、飛ばすことはつまりその問題を捨てるという判断に限りなく近くなると考えてください。たった１問でも順位が大きく変わりますから、飛ばさずにその問題で踏ん張る力をつけないといけません。

　「取捨選択しないと」「時間がかかりそうな問題を飛ばさなきゃ」と構えてしまって、逆に正答率を大きく下げてしまうこともあるので、このような壁にぶつかったときは、「飛ばさない」練習をしてみてください。

　普段の学習や過去問演習の際に難しそうな問題を飛ばしても、解き直しのときにはじっくり考えているから大丈夫、と考えるのは危険です。

　スポーツ選手と同じで、観客のいないリハーサルでできていたからといって、本番でできるかどうかは別問題です。あえて、時間が厳しい中でプレッシャーを感じながら粘って答

えを出す、この積み重ねが大切です。

　もちろんはじめのうちは、飛ばさないつもりで一生懸命取り組んだことによって、最後まで全くたどり着けず、モチベーションを下げてしまうことも考えられます。けれどもそこでくじけず取り組む中で、大問ごとの時間配分が身に付いたり、「難しそう」と感じる問題の基準が少しずつ上がっていきます。「このくらいなら解けるはずだ」と判断する「ものさし」が変わり、粘れる範囲が増えていきます。

　飛ばす、飛ばさないの判断に課題を感じたときは、何か追加でドリルなどを出したりするよりも、今やっている取り組みの中で、時間の負荷をかけてそして飛ばさず頑張ってみる、という取り組み方に変えるようにしてみてください。

適性検査型の場合、その問題ごとの相性によってかなり激しく成績が左右されるので、偏差値 60 以上取ったかと思えば、30 台に急降下するといったことはよく起こります。我が子のことである以上、保護者も一緒になって一喜一憂するのは当然だとは思いますが、良かったからといって安心はできませんし、悪かったからといって見込みがないわけでもありません。結果が返ってきたら、どんな結果であれ、冷静に分析をしていきましょう。

　模試によっては、結果表に正答率（得点率）が表示されているものもあるはずです。例えば、「大問 1 の問 2 の正答率は 60%」という感じですね。このように正答率が問題ごとに表示されている場合は、正答率が 60% 以上のものは、必ず取りたい問題です。逆に、正答率が 10% 以下の問題は難易度が高いため、今はできなくても気にせず、しっかりと解き直しをして次につなげればよしとします。

　このように、正答率一つとっても様々な今後の対策を考え

ることができるのです。できなかった問題については、「解き方を知らなかったのか」、「条件を見落としたのか」、「時間が足りなかったのか」など、様々な原因が考えられるので、何が原因だったか一つずつ確認していってください。

　模試の結果が良くないときに、親は心をえぐられますし落ち込んでしまいます。しかし、結果の分析をして、対策するしか解決策はありません。辛い気持ちは一旦ふたをして、何とか対策に目を向けましょう。

　「解き方を知らない問題」については、教科書を見直したり、同じようなテーマの問題を取り組んだりする必要があります。「条件を見落とした」のであれば、日頃から線の引き方や、問題用紙の余白の使い方を確認する必要があります。「時間不足が原因」であれば、過去問演習を重ねているうちにだんだんと身に付いていきますので、少しずつ時間管理の負荷をかけながら、ペースアップできるようにサポートしてあげてください。

　もちろん、直前期になればなるほど、振るわない結果が返ってきたときに相当な焦りや落ち込みを感じるかと思います。この直前期になって急に成績が落ち込んでしまう子は毎年います。その場合、力不足と言うよりも、直前期のプレッシャーで焦ることで空回りをして、本来の力を発揮できてい

ないケースが多いです。落ち着いて家で解き直しをすれば、なんてことはない問題を間違えていたり、普段は考えられないような条件飛ばしが起こったりしているようであれば、お子さん自身が「受かる」という自信を持てなくなっている可能性があります。

　結果にはあまりコメントせず、できたはずの問題を探し、「これができていれば、いつも通りの結果だったから大丈夫」、「力が不足しているわけではないから、これまでの頑張りを信じてやっていこう」、と声掛けをしてください。

　適性検査は読む力、解く力、表現する力、時間を管理する力が複雑に絡み合って結果が出るので、良い結果ばかり取り続けることは不可能です。たった1回でも2回でも満足のいく結果が出たのであれば、そこが本来の力と信じて、そこに鉤爪をかけるつもりでもう一度登っていくイメージを持ってください。

2-11. 受検生の娘 vs 母…衝突に困っています

普段の学習サポートをメインで担っているのがお母さんで、そして受検生本人がお嬢さんの場合、日々の取り組みについて衝突がいったん起こると、かなり険悪な雰囲気が続いてしまうものです。私自身も私立中学受験のときはそうでしたが、同性の、しかも女性同士の衝突というのは、反抗期も相まって、緊張感のあるバトルが起こりやすいです。

これが、お母さんと息子、という組み合わせの場合は、息子さんのほうが時間が経つとケロっと忘れたり、「ママ昨日はごめんね」と息子さんから歩み寄ったりというエピソードも聞きます。しかしながら、母と娘の場合は、静かな険悪なムードが長引きやすいです。また、悪化すると、お母さんが受検に関わること自体を拒絶するというケースも聞きます。

そうは言っても、公立中高一貫校受検の場合、保護者の添削は必要であり避けられません。また多くの公立中高一貫校の学校説明会でも話があるように、親子の会話が適性検査のヒントになることも多いと考えると、関わりを減らしてお子さん任せにするのは避けたいです。

同じ問題を見ながら、社会の仕組みや歴史について話したり、ニュースについて議論したり、国語の文章題の主旨について保護者が噛み砕いて伝えたり、といった会話の延長で対策に活かせることがたくさんあります。

　修正すべき点を急いで指摘すると、けんかの地雷を踏みやすいので、先に良い部分や認めるところを多少大げさに伝えます。その上で、修正してほしいところ、考え直してほしいところなどをそれぞれの問題ごとに、感情抜きで淡々と伝えるようにしてください。

　記述が多い適性検査では、一度書いた記述解答を修正させられることほど、面倒なものはありません。直したくないという気持ちが根底にあるからこそ、指摘してほしくないと意地になり、耳をふさごうとするものです。何となく答えが間違っている、完全でないことは、実は本人も薄々わかっていますが、言われた内容を認めたくなくて言い返してしまう、というケースが多いです。

　直接伝えると互いにイライラすることもあるので、お子さんが取り組む時間と、保護者が添削する時間を分ける手もあります。交換日記形式で、採点・添削・解き直し指示をやり取りすることによって、良好なパートナーという立ち位置を

維持できたという方もいます。日々、添削が終わったらノートの端に「今日も頑張ったね！」と一言ねぎらいの言葉を書き続けた方もいます。親子の衝突は、受検においては貴重な時間の浪費、メンタルの消耗になりますから、関わりを維持しつつ、衝突する機会を極力減らすような工夫が求められます。

公立中高一貫校を受ける子の場合、非常に真面目で、学校の先生や塾の先生が言ったことを徹底して守り、言われたことを完璧にこだわって取り組もうとする性質を持っている子の割合が高いように思います。

　中には、要領よく、さっさと終わらせて次へ進む子もいますが、学校の自学自習や、塾のテストや模擬試験の解き直しに、何時間も、場合によっては、夜中までかかって取り組んでいる子もいます。

　特に解き直しについては、解いている時間の４倍も５倍もかけて直しをしている、といったお話もよく聞きます。保護者の方からすると、そこまで本当に必要なのか、と思いつつも、サボっているわけではないので、注意もしづらい、と悩みの種になっているようです。

　また、学校から出された知識や語句の意味調べに何時間も使っている子も見かけます。保護者の方からすると、そんなに調べたところで、適性検査に出るかどうかもわからないの

に… でも、それで学校の報告書の評価に少しでもプラスに
なるなら…でももっと本来やるべきことが…と見ていてヤキ
モキし、でも結論が出せないという頭の痛い問題のようです。

　保護者のみなさんは、小学生のとき、学校のお勉強にどの
程度時間を取られたか、覚えていらっしゃいますか。地域に
もよるのだと思いますが、私の場合は、音読や漢字ドリル、
計算ドリルが少し出るか出ないか、といった程度で、時々は
日記帳のような宿題もありましたが、学校のお勉強のために
何時間も机に向かったという記憶はありません。

　ですが今の子供達は、以前とは比べ物にならないくらい、
忙しいようです。

　新型コロナウイルス感染症の流行に伴って学校閉鎖期間に
「自学自習ノート」という仕組みが多くの学校で始まったり
定着したりしたことにより、この自習という曖昧な課題が毎
日のように求められるようになり、そしてそれに時間をかけ
すぎる、という子が非常に増えていると感じます。

　また、私立、公立問わず、中学受験をするご家庭がかつて
ないほど増えているという現状もあり、小学校のクラスも、
科目によってはレベル別に分かれ、上のクラスではかなり
しっかりとした宿題が出されたり、日々の取り組みによって

はクラス決めに影響したりといったこともあって、今の小学生は社会人並みに忙しく、日々プレッシャーの中、必死で頑張っていると感じます。

公立中高一貫校の多くは、適性検査、つまり本番のペーパーテスト以外にも、調査書・報告書といった小学校からの評価も合格判定基準になるところがほとんどですから、先生からの高評価を得るためにも、自学自習ノートで気を抜くわけにもいかず、毎晩遅くまで受検勉強と両立させながらフラフラになっている子も見かけます。

そうやって、指示されたこと以上の完成度を自分に求め、頑張っていることに水を差すつもりはもちろんないのですが、時々、中学受検に対する恐怖からの現実逃避として、時間をかけているような気がすることがあります。

何時間もかかって、参考書のようなノート作りをしたり、解き直しをするときも、解いて終りにするのではなく、公式をきれいにまとめたり、派生する知識を図表にまとめたり、と、そういった取り組みをすることで、「勉強している自分」「頑張っている自分」という安心感を得ているように感じてしまうのは、ひねくれた見方かもしれませんが、夏休み以降、秋から冬にかけて、こういった作業に没頭する子が増えるのを見ると、あながち間違った想像ではないように思うのです。

　かといって、簡単に、やめなさいと言うわけにもいきません。そうやって、完成度にこだわって何かを仕上げるといったゴールがある作業に没頭することによって、迫ってくる本番のプレッシャーが頭をよぎるたびに襲ってくる恐怖心とのバランスを取っている場合もあるからです。

　また、これは実際にあったケースですが、解き直しをあまりにも丁寧に進めていたので、もっと良い意味で楽をしても良いことを伝え、メモ書き程度で解き直しをしてみて、それで正解できた問題については細かくまとめないようにとアドバイスした結果、自分はサボっているのではないかと必要以上に感じてしまい、ちょっとした間違いをするたびに、自分が手抜きをしたからだとパニックを起こしてしまう子がいました。根が真面目な子ほど、こういった丁寧すぎる解き直し作業が精神的にも必要なケースもあるので、簡単に「現実逃避」と一刀両断するわけにもいきませんが、やはり、やるべき事はその分、山積みになっていきます。

　何時までには終わらせて、その後にはこれをやらないといけないよ、といった一日のスケジュールを伝え、その範囲の中で終わらせるよう少し制限をかけるようにしてみてください。

2-13. 私立（4科目受験）との併願を考えています。対策がどちらも中途半端になりそうで不安です

公立中高一貫校受検と私立中学（4科目受験）の両方を目指している方が、必ずぶつかるのが「共倒れの恐怖」だと思います。もともとは私立の受験を視野に入れて低学年から進めてきたけれども、途中から公立中高一貫校が候補に浮上し、中堅〜上位私立中学を目指しつつ、同時進行で適性対策を進める、というケースも、例年ちらほらいらっしゃいます。

　厳しいことを言うようですが、公立中高一貫校も、私立（4科目受験）も、実際に共倒れ（両方不合格）になってしまうケースは、多く存在します。
（＊この項では、適性検査型ではなく4科目型受験の私立中との併願について書きます。別のページで書きますが、「適性検査型」の私立中との併願であれば、軒並み不合格になってしまうケースは少ないです。）

　私立中学受験でも思考型の問題も最近は多くなってはい

ますが、私立中学受験ならではの知識暗記量や訓練量がものを言うような問題が、私立中学では主に出題されます。

　それに対し、公立校の適性検査は、確かに訓練量も大切ですが、算数が得意だから受かる、作文が上手だから受かる、というような単純なものではありません。読む力、書く力、一般常識力、出題の意図を推測する力、科目横断型のため、限られた時間の中で自分が解ける分野を探す取捨選択能力など、幅広い素質が試されます。

　もともと、私立中をターゲットに一生懸命対策をしてきた子の場合、身についた算数の力を活かせる問題はありますが、だからといって受かりやすいかというと、そう簡単にはいきません。適性型は適性型の対策、私立は私立４科目型の対策と、別々に必要となります。もちろん、その２つが絡み合うような単元もありますが、ほんのごく一部です。そのため、４科の対策と適性型の対策は、それぞれの時間を別個に取って進めなければなりません。これを小学生が実行するのは、相当ハードなことです。

　４科目対策も、適性対策も、どちらも中途半端になって空回りして、焦りを感じる時期が必ずどこかで訪れると思います。二兎を追う者は…ということわざを現実にしないために、２倍の努力をしなければ、と気負い過ぎてつぶれてしま

うケースも見ています。

　そうならないためには、小学6年生の9月くらいをめどに、公立中高一貫校と、4科目型私立の志望度合いの優先順位を親子間ではっきりさせてください。私立も捨てがたい、公立中高一貫校も狙いたい、と志望順位がはっきりしないと、対策もどっちつかずになってしまいます。実際に、私立と公立の併願で精神的に追い込まれやすいのは保護者のほうです。お子さんの頑張る姿を見て、何とかして最善の結果を…と願うのは当然ですが、バランスの取り方には注意をしてください。

　志望順位が公立中高一貫校のほうが高いのであれば、私立は受ける学校の偏差値を下げてでも適性対策に時間を割くべきです。逆に、私立の学校が第一志望で、公立中高一貫校が第二希望以下にある場合は、毎日4科目対策にしっかり時間を取り、休日の限定した時間を使って効率よくそして細々と、適性型の対策を継続していくスタイルにしてください。いずれにせよ、志望順位によって、取り組みにきちんと濃淡をつける必要があります。

　また、私立とは異なり、公立中高一貫校受検にある大きな特徴の一つに、作文があります。普段から文章を書くのが大

好きな子であれば別ですが、月に何本かだけでも書く練習を
しておかないと、せっかく理系分野で点が取れたとしても、
作文でガクっと点を落として総合順位を下げかねません。そ
うなると合格ラインは遠ざかってしまうため、作文に関して
は、きちんと対策を考える必要があります。できれば夏休み
明け９月頃には志望順位をはっきりさせ、どちらの対策に
どの程度時間を使うのか、親子で話し合うようにしてくださ
い。

2-14. 本番1ヵ月前。とにかく不安で潰れそうです

残り1ヵ月を切る頃、不安や緊張、興奮など、様々な感情が一気に押し寄せてくると思います。これもラスト数日になると、「もう早く受けてプレッシャーから解放されたい」という境地に達するのですが、そこに至るまでは、受かる気がしたり、絶対に受からない気がしたり、気持ちがジェットコースターのようにアップダウンするのが普通です。

　この時期は、大きく分けて2つの「不安」のループを繰り返します。

　一つ目は、新しい問題に取り組むことに対する不安です。今の時期になって弱点や定着漏れが発覚すると、とてつもなく焦ることが目に見えているため、新しい問題と向き合うことに恐怖を感じます。

　逆に気持ちを落ち着かせるために、解き慣れた過去問や参考書を解いてみたら、今度は「こんなことに取り組んでもレベルは上がらない」、「本番で同じ問題が出るはずがない」というような、力の停滞を感じ不安に襲われます。これが二つ

目の不安です。この２つのループを毎日延々繰り返すことになります。

　実力不足という焦りを感じている子に対して、解き慣れた過去問を解かせて一旦気持ちを落ち着かせたり、難易度を抑えた問題を渡して、「解ける！」という感覚を取り戻してもらったりするのは大切です。

　しかし、半分覚えているような問題を解くことに意味があるのかと不安に陥り、また新しい問題や応用問題にチャレンジをして、苦手ジャンルが残っていることを知ってしまって不安になる。こういうループが繰り返され、受検日数日前の達観状態になるまでは、出口はないと考えてください。

　解決策はありませんが、不安を感じたら今の取り組みの何に不安を感じるのかを分析してみましょう。気持ちを落ち着かせ冷静に話をしてみると、「これをやったほうがいい気がする」という取り組みが必ず出てくるはずです。まだ小学６年生ですので、自分が感じている漠然とした不安を正確に言語化することは難しいですが、この時期まで一生懸命受検勉強に取り組んできた子ともなると、最後に取り組んでおきたいことは何か、保護者との話し合いの中できっと出てくるはずです。そうして話し合いの中で出てきた取り組みを行うことで、少しだけでも精神的に落ち着くようにします。

時間配分に関する不安を感じている子もいれば、本番で解けない問題ばっかりだったらどうしよう、という難易度に対する不安を感じている子もいます。さらには、まわりのライバルから取り残されているような気がする、という不安を感じている子もいます。不安の根本的な部分は人それぞれなので、どんなことが心配で、それを解決するためにどうすれば良いと思うか、お子さんに聞いてみましょう。

　メンタル的にずいぶん追い込まれているなと感じたら、一旦手を止めさせ、何に不安を感じているのかヒアリングしてください。例えば、「今日解いた過去問は、３回目だから解けただけかもしれない。もし初見の問題だとしたら、時間配分をうまくやる自信がない」というような不安を話してくれたとします。それであれば、同じような難易度の他の年度や他の学校の問題を使って、時間の負荷をかけた取り組みをすると、「時間配分をうまくするための対策に取り組んでいる」という作業をしたことで、少し不安も解消されます。

　こうやって、モヤモヤした不安を一つ一つ言葉にして、さらに「それを解消するための取り組みをした」という安心感を持ってもらうことが大切です。実際にその作業をしたことで、点に直結するとは限りませんが、不安からの焦りのピー

クのまま本番に向かわせるよりもはるかにいいはずです。最後は保護者から、「対策したから大丈夫だよ」と言い聞かせてあげてください。

　不安の無限ループに突入するのは、これまで本気で頑張ってきて、本当に受かりたいという強い気持ちがあるからです。お子さんの判断を信じて、言語化するようにサポートしてあげてください。そのためには、まず保護者が落ち着いて、冷静に話をする時間を作ってくださいね。

2-15. 受検日まであと数日となったときの子供の メンタルについて

本番まであと5日ほどになってくると、保護者も精神的に追い詰められたり、眠れなくなったり、という話をよく聞きます。とてつもない不安やプレッシャー、もしかしたら何かしらの後悔を抱えていらっしゃる方もいるかもしれません。受検当事者である子供達は、この時期どのような状態になるかと言うと、私は3パターンあると考えています。

一つ目は腹が据わっている状態になる子。二つ目は焦り続けるタイプの子、そして最後の三つ目は、諦めモードになる子です。一つ目と二つ目である、腹の据わった状態になる子と、焦り続けてひたすら机に向かう子は、対称的な2つの方向に分かれますが、これは単純に元々の性格によるものなので、良し悪しはないと言えます。しかし、三つ目の諦めモードになることだけは避けておきたいです。

一つ目の腹が据わるようなタイプの子は、数日前になって急にふっと冷静になり、「緊張し続けるのにも飽きた」、「早く受けてしまいたい」という発言をするようになります。ど

ちらかというと女子に多い気がします。いい意味での開き直りなので心配はなく、ここでのアドバイスも特にありません。

　二つ目の、焦り続けるタイプは、緊張感と焦りが高まっていき、勉強していないと落ち着かないというようなタイプの子です。親が心配して、息抜きをするように声をかけても、机に向かい続けます。たくさんの課題を猛スピードで消化して頼もしくも見えますが、不安や焦りに無理やり蓋をするために机に向かっているかもしれません。

　集中しているように見えて、うっかりミスが頻発したり、突然電源が切れたようになったり、急に泣き出したりふさぎこんだりする子もいます。小さなミスもこの世の終わりのように感じてしまい、ちょっとした計算ミスですら、もうこれじゃ受からないと頭を抱えて泣き出し、がむしゃらに机に向かいます。でも疲れが溜まって思うように頭が働かずさらに焦ってしまう…という繰り返しになります。渦中にいると見ている保護者が心配になってくると思います。本番が終わってしまえば、いつもの様子や笑顔が戻るのですが。

　さて、焦りからか、直前期になって急にケアレスミスが増えてきたときは、取り組む前に必ず深呼吸をして、点をきちんと取るイメージを持たせるようにしてください。いつもや

りがちな誤字脱字や時間配分のミス、計算ミスを絶対にしないぞと、10秒程度自分に言い聞かせる時間を取り、その後学習を始めるようにしてください。

　緊張の糸がピンと張りっぱなしの状態だと、どうしても空回りが起こります。自分が焦っている状態だと自覚してもらい、いったんスイッチを強制的に切ってから、肩の力を抜いて目の前の問題に取り組み始めるように促してください。運動選手がスタート前に深呼吸をするのに近いですね。

　三つ目の諦めモードになる子は少し心配です。直前期になって急に解答丸写しのような手抜きをしたり、また受検とは全く関係のない別のことを隠れて始めて、不合格だったときの言い訳を作ったりするケースがあります。これらの行動は、苦しい気持ちからだと理解はできますが、この諦めモードになる方向で、うまくいくケースはほとんど見たことがありません。逃げたい気持ちと向き合い、乗り越えようと頑張るという経験ができるのも、中学受検ならではです。見ていてヤキモキするとは思いますが、小さな心と体で、一生懸命不安と戦おうとしているのです。話し合いながら、「どんな結果であっても、力を出し切って一区切りつけよう」と背中をそっと押してあげてください。

第3章
塾・模試編

この章では、塾や、模擬試験についてお伝えしていきます。

　公立中高一貫校受検における塾という存在は、少し特殊です。私立中学受験であれば、塾にお任せして、最後の最後まで塾で力を伸ばしてもらう、といったイメージが一般的だと思いますが、公立中高一貫校受検の場合は、完全に年間を通して通うわけではなく、土曜や日曜などの曜日限定の特訓授業のみ利用する、といったご家庭もあれば、夏季講習や冬季講習、直前特訓など、季節・時期限定の講座のときだけ参加する、というご家庭もあれば、さらには、小学校6年生の途中までは通うけれども、秋以降は一旦退塾して、「親塾（ご家庭で対策を二人三脚で進めること）」で志望校に合わせた対策をしていくご家庭もあります。

　ほかにも、小学校5年生までは私立中学受験向けの塾やクラスに通い、基礎力をつけた上で、6年生になってから公立中高一貫校向けのクラスに移る、といったご家庭も最近は多いです。

　また個別指導塾に関しては、志望校に特化した校舎が地域にあれば話は別ですが、基本的には専門性の高さは

集団塾に比べると低く、公立中高一貫校の対策も「できなくはない」というスタンスのところが多いです。とは言え、集団塾だけでは不安がある場合や、普段は「親塾」で進めているものの、保護者の方が不得意な科目だけ補強目的で個別指導も追加している方もいらっしゃいます。

　このように、公立中高一貫校受検における専門塾という存在は、その時期その時期に、必要なときだけ利用するものだ、という割り切った見方で捉えていらっしゃる方が最近多いと感じます。

　志願者の多いエリアであれば、塾情報もインターネット等である程度は集まりますから、一か所に全てお世話になる、というよりは、ご自身が選択して、「うまく使う」という考え方に最近の保護者の方は慣れているのだと思います。

　この章では、主に集団型の塾に関するお悩みについて、よくあるご相談をまとめています。小学校６年生の秋頃になってくると、「今、実際にどのくらい過去問で得点が取れて、合格ラインから逆算するとどの程度足りない

のか」を正確に出さないといけない時期がやってきます。

　この「あと何点必要なのか」は、当然ですが一人ひとり異なるはずです。けれども、集団塾の場合、一人ひとりの「あと何点」に合わせた個別の授業を期待するのは、難しいです。クラスがレベル別に分かれている場合もあるとは思いますが、合格確率が低く、狭き門である公立中高一貫校受検だからこそ、あと一押しで受かりそうな子のフォローにどうしても力が入るのは当然と考えてください。

　切磋琢磨されることや、緊張感が保てること、実績に裏付けられた指導ノウハウがあることなど、集団塾だからこそのメリットももちろんたくさんありますが、規模が大きくなるほど「個」に特化したフォローは期待できず、サポートに濃淡が出てしまうのが、集団塾のデメリットとも言えます。

　適性検査は記述がメインだからこそ、一人ひとり細かなチェックとフォローが必要であることは明らかなので、保護者の方からすると、もっと丁寧に見てほしい、もっと話を聞いてもらいたい、とモヤモヤを抱えることがあるかと思います。

　特に今の時代、親切丁寧なサポートやフォローを売りにしているサービスが世の中にたくさんありますから、そんな中、心の距離を感じる塾の対応に肩すかしを食らったような感覚を覚える方も、毎年、本当に多くいらっしゃいます。例えば作文の添削など、なかなか返ってこない、返って来てもアッサリした添削すぎてどう直せばいいのかわからない、個別の相談はなかなかしづらい、等…、こればっかりは、保護者が何かしても塾の在り方は変わるものではないので、塾はあくまでも利用するところ、情報をもらうところ、と割り切ってください。

　特に公立中高一貫校受検の場合、インターネットで検索しても曖昧な情報や体験記が非常に多いですから、塾が持っている合格者の得点情報や最新の傾向等の情報は、かなり貴重です。

　「受験は情報戦」とも言いますから、塾が持っている情報を、遠慮せずどんどんもらうようにしてください。

　また、前年度の受検が完了してから、保護者のみなさんがその過去問題を入手するまで、ツテが無い限りはタ

イムラグが発生するかと思います。即日公式ホームページに問題をアップしてくれるところもありますが、問題を公表していない地域の方が多いです。説明会に参加すれば配布されることもありますが、確実ではありませんし、次年度に向けた説明会が開催されるのは数ヵ月先であることもあり、その分、対策に遅れが生じます。

　塾にお通いの場合は、適性検査当日に塾生から問題を回収するので、６年生の合否確認やフォローが落ち着いた頃に依頼すれば、最新年度の情報はもらえるはずです。適性検査は年によって大きく傾向の変化が起こることもあり、そして一度変わるとしばらく続くので、最新の傾向を知り一日も早く備えることができれば、大きなスタートダッシュとなります。これも、通塾の大きなメリットです。

　次に模擬試験についてです。
　お住まいのエリアに複数の公立中高一貫校がある場合、規模の大きな模擬試験が一つか二つはあるかと思います。模擬試験は大きく２つのタイプに分けることができます。

　1つは、塾ではない団体（出版社や、模試センターなど）が主催している模擬試験、もう1つは、対策専門塾が開催している模擬試験です。

　どちらのタイプを選んだとしても、そのエリアにある公立中高一貫校の出題傾向に合わせた問題が考え抜かれて作問されていますから、受ける価値は大きいです。いろいろな団体や塾がバラバラに開催しているので情報を集めるほうは大変ですが、定期的に、「〇〇中学　模試」と検索して、近い時期に開催予定のものがないか、確認しておいてください。また、一度参加した模試であれば、次回はいつ開催でいつまでに申し込みが必要なのかもその場でアナウンスがあるはずですから、把握して、スケジュールに組み込んでおくと安心です。

　最近では自宅受検できるものも増え、模試を選ぶ自由度も高くなりました。

　模擬試験を受けると、そこで自分が気づいていなかった弱点があぶり出され、対策することで本番に備えられたり、模擬試験に出題された文章とよく似たテーマが本番で出たり、といったケースも、非常に多くあります。

時期によっては、例えば対策しはじめの頃は、「まだ自信がないから」と模擬試験を受けるのをためらったり、逆に、時期が後になればなるほど、悪い成績を取ってしまうと自信を喪失してしまうので受けるのが怖くなってしまったり、という受け渋りもあります。けれども、模擬試験はいくらでも失敗できること、解く順序や時間配分を試す場であること、大勢の中で緊張感を持って受ける練習をして、本番安心して臨めるような練習の場であること、これらを何度も言い聞かせて納得していただいて、なるべく多くの模試経験を積むようにしてください。

　今の子供達は（なんていうと嫌な言い方ですが…）失敗するのをことさら気にしているように感じます。本番で失敗するほうがよほど怖いので、それであれば今のうちにたくさん転んでおくほうがいいと言っても、どうしても目の前の失敗に対して、起こる前から恐怖を感じてしまうようです。「また模試か」と気楽に受けられるくらい月に1回は受けて慣らしておきながら、帰り道のカフェや外食などとセットにして「模試の日も悪くない」と思ってもらうようにしてくださいね。また、終わったあとに「作文が書けなかった～」というようなあっけら

かんとしたコメントが飛び出しても、平常心で次の対策
を促してください。

　といっても、秋頃は模試が毎週のように開催されてい
ますし、模試疲れや、解き直しのペースが作れないなど、
受けすぎると「やりっぱなし・受けっぱなし」が発生す
るという弊害もあります。最近では、日々の塾通いや、
模試疲れによって、週半ばで学校を休んで回復に充てる
という話も聞きます。それでは本末転倒ですから、きち
んとスケジュール管理をして、解き直しのサイクルがう
まく回るような設定で模擬試験の日程を選ぶようにして
ください。

　直前期になって、「解き直しが全然終わらない」「いい
加減な解き直しだったから全然身についていなかった」
と発覚すると非常に焦りますから、受けたら当日にきち
んと確認し、結果が返ってきたタイミングや、３ヵ月後
など、時期を決めて丁寧に解き直しスケジュールに組み
込んでくださいね。

　また模試については、会場で解説授業や保護者向けセ

ミナーが開催される場合もあります。そこで、公立中高一貫校で実際に教鞭をとっている先生や校長先生によるお話が聞ける場合もあります。塾に通っていない子は学校とはまた違った雰囲気の塾ならではのスピード感のある解説授業は大きな刺激になりますし、通っている子も、いつもとは別の塾で授業を受けることで良い緊張感を保てるので、「ためになった！」と満足して帰ってくる子が多いです。模擬試験の解説授業は、毎年何十名とその学校に生徒を送り出してきたベテラン講師が担当することが多いので、解説授業とセットの模試があれば、なるべく積極的に受けて、考え方のコツや解法を吸収するようにしてください。

3-1. 5年生で模試を受けるのは早いでしょうか？

結論から言えば、なるべく早いうちから受けておいたほうがいいです。ただし、その目的は、本番の得点につながるからではなく、あくまでも情報収集のためです。

　模試にはどのような効果があると思いますか。挙ればキリがないのですが、例えば、「理解している分野と強化すべき分野がわかること」、「時間配分の練習になること」、「志望校を決める際の判断材料になること」、「知らない子達の中で受ける場慣れの練習になること」など、様々な効果があります。

　また、模試を受けることでモチベーションが上がったり、良い成績を取れれば大きな自信につながったりします。さらに、会場で行われる解説授業や保護者向けセミナーなど、貴重な情報も得ることができます。「５年生になったばかりだからまだ早いかな」、「対策を始めて間もないから受けても不安にさせるだけじゃないかな」などのお悩みがあるかと思いますが、まずは、どういう模試がいつあるのかを検索してく

ださい。それらの開催日にお子さんの予定が空いているので
あれば、思い切って受けてみてください。

　模試は、受検本番に近づくほど、その結果から合否の確率
が現実味を帯びて見えてきて、気が重くなるものです。まだ
早い時期で、あまりプレッシャーを感じていないときに定期
的に受けて、模試は特別なことではなく定期的に訪れるイベ
ントの一つだ、とお子さんが認識するようにしてください。

　たくさん対策をしてきたから満を持して模試を受けるので
はなく、受けることで弱点を見つけて対策するために模試が
あります。最近はテストを受けて評価が出るというプレッ
シャーに対して、ものすごく抵抗感のある子も多いです。し
かし、模試は、うまくできなかったという反省があればある
ほど「受けて正解」なのです。

　本番で、「うまくいかなかった」では遅いですから、今か
らたくさん受けて、課題を探し大いに反省して対策を練りま
しょう。その積み重ねが、本番の得点につながります。模試
が終わった帰りがけに親子でカフェに寄るなど、ちょっとし
た楽しみをその後に設定することで、少しでも気分良くチャ
レンジできるように工夫してもいいですね。

3-2. 塾の宿題をこなすので精一杯。でも、もっと他にやるべきことはあるのでは…と不安です

塾に通っている場合、平日はもちろん、季節ごとの特別講習や土日の特訓など忙しくなりますよね。そして塾へ行くたびに宿題は出されるので、学校の宿題に加えて塾の宿題まできっちり終わらせようとすると、毎日慌ただしいと感じると思います。例えば平日週３回塾に通っていたら、１週間の半分近く通っているわけですから、次の授業に向けての宿題に追われる日々になると思います。

　塾の宿題は、本当にその子に必要かどうかではなく、予定通り教材を進めてやり残しを防ぐためという「消化」目的で出すものもあります。全員一律に出すものなので、個々に見合った量で出されるわけではありません。塾の宿題が少ないと、どうしても自宅学習の時間を持て余す子も出てきます。そうすると保護者は、「塾に通わせているのに、うちの子はこんなに時間を余らせていていいのだろうか」、といった疑念が生まれてしまいます。そのため、「宿題が少なすぎる」と言う不満感・クレームを防ぐために多めに出す、といった考え方もベースにあります。

しかし、同じ量の宿題を出しても、ざっと済ませる子もいれば、丁寧に取り組んでなかなか先に進まない子、通塾間もないので要領よくこなす方法を知らない子もいて、塾講師が想定している以上の時間をかけてしまうこともあります。塾の宿題はあくまでも全員一律なので、あまりにもいっぱいいっぱいになっているようであれば、講師に相談してみてください。塾の指示は絶対ではないですし、相談してもらったほうが塾としても、どんな不安や疑問があるのか把握でき、より適切なフォローができるようになります。宿題が作業になったり、宿題の多さで塾が嫌いになったりしないように、ぜひ相談をしてみてください。

　最近はご両親ともにフルタイムでお仕事なさっている家庭も多いです。そのため、お子さんの隣についていて、宿題のフォローが毎日できるという家庭は多くないと思います。そうであればこそ、お子さんだけに任せ切りにせず、あまりにもこなしていると感じる様子があったり、終わらずに頭を抱えている様子が見受けられたりしていたら、塾の講師に早めに相談してみてください。

　高学年になり、どこで手を抜くか本人が見抜くようになっていくと、ちゃんと丁寧に取り組むことよりも、提出日まで

に要領よくこなすことがうまくなっていきます。そうすると重要な単元の定着不足が起きたり、「やってもやらなくてもいいよ」と言う指示の宿題に関しては、一切手をつけていなかったり、という「事件」が起こります。今のうちに、お子さんの様子を見ながら、適切な量を効果的に取り組めるよう、宿題について疑問を感じたら塾講師とも連携して調整してください。

早い時期に、お子さんの志望校に合っていると思われる複数の異なる模試を受けてみて、受検者数・問題の傾向・難易度・成績フィードバックの内容などを見比べて、優先すべき模試を2つぐらいに絞るのがおすすめです。

首都圏や、それ以外でも倍率3倍以上の公立中高一貫校があるエリアでは、様々な模試があり、選ぶのも一苦労だと思います。時期によっては、学校の年間行事、塾のテストや他の模試とも重なったりします。思うように受けられない中で、いったいどれを選べばいいのか…と頭を抱えることもよくあります。まず選ぶときに基準にしていただきたいのは、志望校ごとの受検者数と傾向です。

受検者数というのは、例えばお子さんが第一志望にしている学校がA中学だとすると、A中学を受ける同じ性別の子が、いったい何人その模試を受けるのか、これがわかればおおよその立ち位置を把握することができます。また、この受検者

数が多ければ多いほど、合格の見込みを図る上で、参考にすることができるデータを得ることができます。しかし、その地域にあるＡ中学、Ｂ中学、Ｃ中学全体の中で何位…というざっくりとした順位しかわからないのであれば、意味はないとは言いませんが、正確な立ち位置の判断ができません。それぞれの中学によって難易度や受検者数の差があることは当然考えられるからです。

　次に、傾向についての注意点です。私も作ったことがあるのでわかるのですが、模擬試験の問題を作るのには膨大な時間と労力がかかります。そのため、ある地域にＡ中学とＢ中学がある場合でも、その２校をひっくるめて、両方の対策になりそうな模擬試験を１パターンだけ作るということもあり得ます。同じ県内であれば多少の類似はあるでしょうが、それぞれの学校が本番では個別の問題を採用している場合は、難易度や問題数、よく出るジャンルの差などがあるはずです。

　やはり、一番良いのは、お子さんが受ける志望校に特化した模擬試験を受けることです。しかし、受検者数が多い模試が、ターゲットにしている学校と、ピッタリ合うとは限りません。例えば受検者数が多いのはこの模試、傾向が一番似ているのはこの模試、というように模試ごとの性質を知ってお

くと、数多くある模試の中から必要なものを選ぶことができます。

　そのためにも、まずは、5年生後半や6年生になってすぐのうちに、模擬試験をタイミングが合えば手を広げて多めに受けてみてください。いろいろな模試を受けて比較すると、成績表の見やすさや難易度など、模試によってそれぞれ大きな違いがあることがわかり、受検直前期に優先すべき模試なのかどうかがわかります。

　小6の秋以降、模擬試験は多数開催されますが、毎週のように受けに行くわけにはいきません。受ける模試を厳選する必要があります。最初は手広く受けておいて、そこから優先すべき模試を2つくらいに絞っておくのがおススメです。

3-4. 塾のやり方に不満があります

私が主宰しているオンラインサロンでは、ニックネーム参加という匿名性からか、塾に対するざっくばらんな意見が多く見られます。お子さんを通わせている塾に面と向かって不満を口に出すことはためらわれますが、匿名であれば、話しやすいということもあるのだと思います。また、塾に対する不満をぽろっと誰かが話すと、全く同じようなモヤモヤを抱えているメンバーさんから「うちもうちも」とコメントが相次ぐこともあります。

中には、塾から言われたことに対して、真っ正面から別の方法を提示して、塾から特別に独自のやり方を認められている、というご家庭もあります。ですが、不満や疑問を感じても打開策や代替案が出せずに我慢している保護者がほとんどだと感じます。塾に対して「これって本当に必要なの？」と感じて問い合わせをしても、塾側から納得のいく回答を得られていないか、もしくは、聞けずにいるか、こういった状況が多いと感じています。

今回は、塾に関するちょっとした疑問、モヤモヤについて、大きく２つ紹介したいと思います。

　まず一つ目は、教材や模試の扱い方に関する疑問です。例えばこんなケースがあります。模擬試験が終わった後に、当然ですが答案は回収されますよね。その後、家に帰ってから、もう一度白紙の解答用紙に、全て自分の答案を再現するように、という宿題が出されるそうです。一問一答型のテストなら良いのですが、適性検査は、そのほとんどが記述です。しかも長文の記述です。まだ解説も聞いておらず、解き直しすらしていない状況で、間違っている可能性も大いにある状態でもう一度再現させる、というのは、私はあまり意味はないことだと思います。ですがこういった課題を有無を言わさず「とにかくやるように」、という一点張りで指示される、と聞きました。

　また、「テキストに絶対に書き込みをしてはいけない」、といった指示にモヤモヤしている保護者の方の話もよく聞きます。確かに、テキストに書き込みをしてしまうと、その後解き直しをするときにヒントになってしまったり、やりづらかったり、消すのが大変だったり、といった二度手間が発生することも考えられます。けれども適性検査の場合、図に直接書き込んだり、与えられた資料の中の数値に丸をつけたり、と、書き込みながら情報を整理していく力も求められます。

書き込みを一切してはいけないと制限するのは、本番を想定するのであれば、あまり良いことではありません。

　どうしてもテキストに書き込みをさせたくないのであれば、もう一部テキストを買ってもらうか、それか該当箇所は毎回コピーをとってそこには書き込みをさせる、といった工夫がなされるべきだと思います。

　このように、「他に方法もあるのでは？」と誰しもが疑問を感じるようなことも、「ずっとこのやり方でやっていますから」「一人だけ特別対応にはできませんから」といった回答しか得られない、というケースもいまだに多くあります。

　このような内容で、もし読者の方の中にも、同じような思いをなさっている方がいらっしゃるのであれば、まずは、塾側としっかり腹を割って話し合っていただくことをお勧めします。先生の中には、そのやり方に対して同じように「思うところ」がある場合もあります。その場合は、「ルールですから」と締め出されるのではなく、お互い納得できる方法をすり合わせできる可能性もあります。何も言えずに、「これは時間のむだではないのだろうか」とただ不満を募らせるのも良くないですから、相談することをお勧めします。

　それでもうまくいかない場合や、納得のいく回答が返って

こない場合は、お子さんと話し合って、あまり意味がないと感じる宿題に関しては、労力を割きすぎずサラっと終わらせ、必要なところに時間と労力を割くようにメリハリをつけてください。また、テキストの使い方については、費用はかかりますが2冊購入して1冊は書き込み用にしたり、事前にコピーをとっておいて、家で復習するときはそこに自由に書き込ませながら演習するなど、塾でのお子さんの立場を悪くせずに済む代替案を模索するようにしてください。

次によくあるのが、「このカリキュラムが本当に必要なんだろうか」といった疑問です。公立中高一貫校の場合、もちろん学校によって特徴は変わりますが、暗記系の知識はほとんど試されません。どこにどんな名前の山脈があるか、何年にどこで何が起こったか、といったこまごまとした知識が出る学校は非常に少数派です。それから算数についても、特殊算の中でもマニアックな流水算など、適性検査の中では全くと言っていいほど見かけないジャンルの単元もあります。

ですが、さきほど挙げた例は、私立中学受験をするのであれば知っておかないといけない知識や解法です。このように、中学受験というくくりでは必須だけれども、公立中高一貫校受検に限定するのであれば、不要、という単元があります。このような単元を塾が扱っていることを知ると、志望校の出

題傾向をしっかり把握なさっている保護者の方ほど、そのカリキュラムの消化に時間を割くくらいなら、もっと他にも対策すべきことがあるのではないだろうか、と歯がゆい気持ちになるようです。

　規模の大きな塾ほど、毎週カリキュラム通りに、テキスト通りに進めることを求められるものです。毎週の確認テストはテキストをベースに作られていますから、テキストから大きくはみ出すことは、なるべくしないようにします。つまり、合格に必要かどうか、よりも、カリキュラムをいかにして遅延なく進めるか、という考えが上回っているようにしか思えないケースもあります。

　オンラインサロンでも、「塾で今、〇〇算を扱っているんだけれども、我が子が受ける学校には必要ないと思うのですがどうでしょうか」といった質問がよく届きます。そこで、「いらないですよ」と言うのは簡単ですが、いらないからといって、スキップできないのが集団塾の難しいところです。お子さんの立場もありますし、カリキュラムに関しては、家庭がどうこう言えることではありません。その単元が出る・出ない関係なく、算数の一つの解き方として視野を広げること、どのようなカリキュラムも、読解力や計算力の底上げにはつながること、私立中学受験をターゲットに一生懸命勉強して

きたいわゆる「私立組」がライバルになっても遜色なく戦える基礎力をつけるため、こういった長期的なビジョンで見れば、不要なことはありません。

　一つ一つ細かなカリキュラムを捉え、厳密に要不要を分けようとするのではなく、そういった単元については、あまり一生懸命になりすぎず、表面的な知識だけ取り入れたら後は志望校に必要な他の力を磨くことに時間を割く、と割り切ってください。前半の教材の扱いで書いた内容と結局同じになりますが、塾は塾、利用するものと割り切って、メリハリをつけた学習をするようにしてください。

3-5. 塾が過去問演習を始める時期が遅すぎるのですが

塾が過去問演習に入る期間時期が遅すぎる、といったご相談、非常に多いです。受検体験記などで、多くの受検生が5年度分6年度分、しかもそれを2周3周しているという話を読むと、少しでも早く取り掛からないと絶対間に合わないという焦りをみなさん感じると思いますが、規模の大きな塾に通っているご家庭ほど、塾から、「過去問に取り組むのは9月以降です」と言われ、それまでは、絶対に見ないように、封すら開けないように、と指示される場合もあるようです。

これは、私は、批判的な意見を持っています。適性検査の過去問は、1回2回やったところではまず傾向がつかめません。例えばお持ちの赤本であれば5年分から多いものだと10年度分掲載があると思いますが、少なくとも5年分は1周してみるとやっと、この学校はこういう傾向があるのかな、というのが見えてきます。それを2周3周することによって、年度ごとの違いや、最新の傾向、近いエリアの他の学校との違い、など、様々な発見ができるようになっていきます。

塾でも当然しっかり過去問演習を行い、解説をして、2周目に入ることになるとは思いますが、9月から始めてしまうと1周目が終わるのは本番ギリギリの時期になってしまいます。もしその1周目で弱点や補強すべき課題が見つかってしまった場合、残りわずかな期間でリカバリーすることは難しくなってしまいます。

　また、教える側は、毎年毎年同じ問題を使って教えるので、いろんな傾向が頭に入っていますが、初めて解く子、しかも小学生にとっては、ただ与えられた問題を一生懸命解くだけで、どんな傾向があるんだろうか、どうやって解けばより安定して点が取れるだろうか、というような分析官目線の取り組みを1周目から行うことは、はまず不可能です。そう考えると早いうちに1周目を終わらせ、それを踏まえて、どうすれば点を取れるのかを意識しながら2周目を解いたり、同時進行で、1周目を解いたときに見つかった苦手ジャンルの補強をしたり、といった、2周3周することを前提とした補強プランが必要です。

　もちろんそうは言っても、あまりにも早い時期に取り組ませてしまうと、当然ですが抵抗感やその学校に対する恐怖感を植え付けてしまうことも考えられます。早ければ早いほど

良い、という問題ではなく、そろそろ解けるだろう、という時期の見極めと、事前に「今は手も足も出ない問題が半分ぐらいあっても全然問題ないんだよ」と伝えた上で取り組ませる、といった精神的なサポート、この両方が必要です。闇雲にまだ力が備わっていないにもかかわらず、例えば5年生以下のタイミングで解かせる、といったようなことはないようにしてください。

　適性検査対策を始めて、そろそろいろんな問題が解けるようになってきた、という段階や、模試を受けて、上位3分の1以内には安定して入っている、という状況になったら、過去問演習をしてみましょう。

　その時、まだ時間を計ったりする必要はありません。そうは言っても2時間3時間かけて解くのはしんどいですから、制限時間は目安として計りますが、20分、30分程度であればオーバーしても構わない、ということです。制限時間を設けてしまうと、本来解けたはずなのに時間が足りなくて空欄になった問題と、時間があっても今の知識ではまだ対応できない問題との仕分けが難しくなります。時間さえあれば解けるのか、時間があっても解けないのか、をしっかり分けて今後の対策を考えていかなければなりません。

時間があれば解ける問題であればどうすればペースアップできるか、時間があっても解けない問題であれば、どの単元を勉強すれば良いか、など、今後の方向性を親子で話すきっかけになります。またその弱点をもとに塾の先生と相談する必要もあります。これも、本番ギリギリの、例えば1ヵ月前などに発覚した場合は、落ち着いて対策できないことは簡単に想像できるかと思います。

　過去問は、当然ですが、全く同じ問題が出題されることはあり得ません。つまり、ギリギリに解いたからといって、それが本番でプラスに働くかと言われると、決してそんなことはありませんよね。それなのであれば、早めに解いて、早めに方向性を決めて、早めに対策する、これができれば、本番自信を持ってお子さんの背中を押して送り出すことができるはずです。

　大きな塾では、9月以降に過去問演習が始まることが多いと書きましたが、その理由は様々で、「早すぎるとモチベーションに影響するから」「授業で取り組むときすでに2周目の子がいるとやりづらいから」「取り組み済みの問題で実力以上に点が取れてしまうと、的確なフォローが塾としてできないから」といった理由があります。これももちろん大事ですが、塾のクラス運営がやりやすいかやりづらいか、よりも、

その子の得点アップにつながる時期はいつなのか、を考える
ほうがはるかに重要です。塾は塾の決まったカリキュラムが
ありますが、塾は塾として、活用しつつも、過去問演習のタ
イミングについては、そろそろ取り組めるだろうと保護者の
方が感じるのであれば早めに取り組ませるようにしてくださ
い。

　お子さんにとっては、「先生からまだやるなって言われて
いるのに」と罪悪感を持たせてしまうこともあります。ただ
し、これに関しては、例年、たくさんのご家庭が、塾がどう
言おうと、早めに過去問演習をしているケースは多々あり
ます。それでも、授業は1周目の体で取り組み、それで高
得点が取れようとも決しておごらず、塾の先生の解説を聞い
て改めて理解できることや自分が気づかなかった新たな解法
を身に付けることでさらなるレベルアップにつなげていきま
しょう。ダメと言われたから封印しておくとそれがマイナス
に働くことも大いにあるので、塾は塾と割り切り、お子さん
の「今」のレベルをしっかり見極めて取り組む時期を判断し
てください。

3-6. 塾の掛け持ちはアリでしょうか？

結論から言うと、塾の掛け持ちは、全く問題ありません。特に新型コロナウイルスの流行が始まって以降は、オンラインの形式で講座を開催する塾も多く、通塾はこの塾、オンラインではあの塾、というふうに、ダブルスクールならぬダブル塾利用、という話もよく聞きます。

これまでは、集団塾に通いつつ個別指導塾にも通う、というケースが私立中受験をする一部の層では確かにありました。けれど今は、受ける学校関係なく、複数の塾をうまく利用して、それぞれの塾の「いいとこ取り」をするような利用をしているご家庭が増えていると感じます。

特に多いケースは、平日通っている塾とは別に、土日の特別講座だけ他の塾へ通うという形です。例えば、平日はお子さんが絶対に辞めたくないと言っている小規模の塾に通わせて、土日は規模の大きな集団塾の特訓を受けさせるというスタイルです。このようなご家庭は本当に多いです。

　一つの塾だけだと、どうしても講師との相性が良くなかったり、校舎責任者の言うことに対して疑問を感じたりしても、「おかしいと思うのは私だけかしら」と抱え込みがちです。お子さんのペースや立ち位置、弱点とする科目によって、今は塾もカスタマイズする方がたくさんいらっしゃるので、塾側に内緒にしなきゃ…等、罪悪感を覚える必要は全くありません。

　昨今は、一つの塾に全てお任せという時代ではなく、保護者の方も熱心に情報収集をして、必要であれば複数の塾をうまく利用している印象です。他の塾の環境や進め方を知ることで、メインの塾や受検全体の流れを客観的な目で見られるようになるのも、メリットだと思います。

　デメリットとしては、各塾の指導方法が異なるために、お子さんが混乱するおそれがある、という点です。この「指導方法の違い」について相談されることが、よくあります。どの塾でも秋以降は過去問演習に入りますし、同じ問題を別々の講師から教わる、ということも当然出てきます。そのとき、「こちらの講師は線分図で解くよう言っていたのに、こちらの講師は、線分図は使わず式で解け、と言っていた…一体どうすれば…？」というようなご相談です。

　子供達は、「正しいか、正しくないか」の二択で考えますし、

「いろんな考え方があるから、やりやすいほうを参考にしよう」と柔軟に捉えることができず、「二人の大人が別々のことを言っている」という時点で混乱し、どちらに対しても不信感を抱く場合があります。特に苦手科目ならなおさらです。

　また、作文などの文系の記述も、講師によって全く別の解釈をする場合があり、混乱が起きやすいです。けれども、こうやって別の視点があるということを知るのも一つのメリットだと言えるので、いろいろな解き方や解釈があるのは当然だから、どちらも聞いたうえで、より納得できるほうを取り入れるようにとアドバイスをしてあげてください。

3-7. 夏期講習や夏合宿への参加は必要？

夏期講習や夏期合宿は、塾にとっては大事な書き入れ時なので、参加するようにというプレッシャーは強く感じますよね。クラスの全員受けますよ、合格者はみんな受けています、夏以降の成績に響きます、といった少し誇張したように聞こえるセールストークを聞いたことがある保護者の方も多いのではないでしょうか。校舎や講師にもノルマがあるので、ある程度は仕方がないと考えてください。

もちろん、夏期講習も合宿も、講師は体力を削りながら連日子供達と向き合うので、本当に心からお勧めしたい、期待して参加してほしいという強い気持ちで申し込みを促しているのも事実です。とは言え、参加費用を見ても、お子さんのその時点でのモチベーションの状況を見ても、本当に参加すべきなのだろうか、と迷う方も多くいらっしゃると思います。

公立中高一貫校を志望する子は、6年生になっても、まだエンジンがかかりきっていないことも多いです。私立受験組のように低学年から通塾して勉強するのが当たり前、という

わけでもなく、なんとなく受けようかなぁ、という状態である子もいるでしょう。その子達にとっては、毎日のように夏期講習や合宿で缶詰めになることが、本当にプラスになるかどうか、疑問はあります。

実際、夏期講習が始まってから、急に塾へ行くのを渋りだしたり、ノートを見ても明らかに授業をちゃんと聞いていないようだったり、宿題もやっつけ仕事になっていたりする子もいます。そのために参加させたことを後悔している、という保護者の方からのメッセージも毎年多く届きます。

だからこそ、言われるままに申し込むのではなく、お子さん自身が参加したいのかどうか、夏以降の目標がきっちり定まっているのかどうか、もし夏期講習に参加しないで家庭で学習を進める場合どのようなペースで何に取り組むのか、などをきちんと親子で話し合って、どうするのか決めるようにしてくださいね。

夏期合宿については、家族旅行以上の高額になることもあり、さらに慎重な判断になるかと思います。家を離れ、ライバルと共に思いっきり勉強に打ち込む経験は大きな成長につながりますが、生半可な気持ちで参加すると、ただただ起床の早さや延々続く授業に疲れ果てるだけで、帰ってきても文

句ばかり、という子もいます。「行けば変わるはず」と思う
のではなく、飛躍につなげられるモチベーションが整ってい
るかどうか、冷静にお子さんの状況を見極めるようにしてく
ださい。

第４章

志望校演習編

この章では志望校演習についてお伝えしていきます。志望校の過去問演習を本格的に連続して取り組んでいくのは、小学校６年生のある程度後半のほうに入ってからですが、受検学年に入ってすぐや、夏休み前後に試しに１回解いてみる、というようなこともあるはずです。本章では、保護者の方が過去問を解く必要性や、初見でお子さんが解くときのポイントからお伝えします。

　志望校演習は、他の学校の過去問を解いたり、参考書で問題を解いたりするのとはまた違った緊張感がありますよね。どんな問題なんだろう？　どんな難しさなんだろう？　と、お子さんもドキドキした気持ちで取り組みます。添削を見ていても、いつもの取り組みとは別人のようにかしこまった字で答案を埋めているので、志望校演習の添削は、例年微笑ましい気持ちになるものです。

　ですが、この志望校演習で、あまりにもできなさすぎると、一気に受検に対するモチベーションが下がったり、「どうせダメだ」と自分の能力に限界を決めるような発言をするようになったりと、取り組み方を間違えれば非常に根深い抵抗感を植え付けることにもなってしまいま

す。特に時間配分については、最初からうまくいくはずがありませんから、いつ取り組ませるべきなのか、そして、制限時間はどうするかなど、しっかりと保護者の方が見極めてから取り組ませる必要があります。

　また、本番を意識していよいよ合格に向けて志望校に照準を合わせていこうという時期に取り組む志望校演習を行う際の疑問についても、本章では取り上げたいと思います。他の都道府県の過去問や、日々の参考書の演習によって力が付き、模試にも慣れ、本格的に得点を意識した過去問演習を始める時期、目安で言うと、本番からおよそ３ヵ月前あたりでしょうか。その頃になると、思いもよらなかった様々な弱点が、一気に湧き出してきます。

　例えば時間配分もそうですし、細かな算数の単元など、「こういう問題は苦手、こういうタイプの問題も嫌い…」と、いろいろな不安、苦手意識をポロっとこぼすようになってきます。いよいよラストスパート、という時期になって緊急性のある課題が噴出する毎日に、焦ってしまうケースもよくあります。

けれどもここで覚えておいていただきたいのは、「本質がわかると、課題が見つかる」という言葉です。小学校6年生半ばにもなると様々な対策・訓練を積んだ成果もあり、志望校の問題の難しさをお子さん自身も客観的に、そして正確に捉えることができるようになってきます。これまではまだまだ曖昧な部分もあり、言われるがまま進めていたようなところもあったかと思いますが、だんだんと、自分が受ける学校のレベルはどの程度で、どんなジャンルの問題が頻出であり、そして自分にはどんな課題や苦手単元があるのか、取り組む上で壁になっているのは何なのか、といった課題を客観的に捉えられるようになってきます。つまり、直前期になって課題が急に見つかるのは、問題の本質がわかってきた証拠でもあるのです。

「この時期になって今更?」といった課題が出てくることもよくあることなので、焦らずに、一つずつ親子で会議をしながら、何をすれば克服できるのかを話し合うようにしてください。

志望校のレベルと自分のレベルを見比べて危機感を感

じた子は、その後の時期に必ず伸びる子でもあります。いろいろな課題や不安を口に出すようになったら、そこが本格的な対策の始まりと前向きに捉え、対策のパートナーとしてサポートしてあげてください。

4-1. 親も過去問を解くべきでしょうか？

　　の質問、本当によく聞かれるのですが、私はなるべく保護者のみなさんにも早い段階で志望校の過去問は解いてもらいたいと考えています。というのも、6年生の半ばになって初めて保護者の方が過去問に目を通し、あまりの難しさに焦ってしまって、そこからお子さんとの受検に対する温度差が一気に拡大する…ということが毎年よくあるからです。

　受検を意識し始めた初期（例えば5年生、遅くとも6年生の初め）の段階から保護者の方自身が時間を取って最新年度の過去問を実際に解いてみることで、どのような難易度なのか、どんな力が必要なのか、我が子の能力と照らし合わせ、適性検査型に「適性」があるのか、を冷静に判断した上で受検勉強をスタートさせることができます。このステップを経たご家庭と、そうでないご家庭とでは、その後の進め方が全く異なるように思います。最近は、ご夫婦で揃って作文までチャレンジする、というご家庭も多いですよ。

　また、一年以上前に解いておいたことで、その後、お子さんが小６の夏や秋になっていよいよ本格的に過去問演習を始めたときに、改めて気づく壁もあります。志望校の算数分野は非常にハイレベルなことはわかっており、その難易度を突破できるようコツコツ取り組ませてきたつもりが、あと半年という時期に来てもなかなか算数分野が伸び切らずにいる…、といった壁です。これも、早い段階に過去問を解き、目指すべきレベルがわかっているからこそ感じる葛藤です。気持ちは焦りますが、必要なことを探して日々の取り組みの進度や負荷などの軌道修正をかけられるのも、傾向と難易度を把握しているからこそだと思います。

　さらに、過去問演習を通して文系分野、特に作文に目を通しておくと、その学校が求めている力や素質というのが見えてくるものです。例えば作文のテーマから「この学校は、自然科学に対する理解の高さを求めているんだな」など、欲しい生徒像の方向性がわかります。理系分野に関しても、「この学校は、膨大な計算にも諦めず正確に処理する力を求めているんだな」など、求める素質が浮かび上がってきます。それを把握した上で学校見学や説明会に参加すると、なおのこと、学校が求めている生徒像を理解することにつながります。

　パラパラとめくって終わりにするのではなく、保護者の方

は制限時間をしっかり計って、解いてみてください。普段の
お子さんの得意不得意と照らし合わせて、「計算ドリルを追
加したほうが良い」、「語彙力をなんとか磨いたほうがいい」、
「今やっているこの参考書はあまり関連がなさそうだから別
の参考書に切り替えよう」、など、相手（過去問の傾向）を
知っているからこそ選べる戦略があります。学校の良さ、校
風、魅力だけでなく、問題も同じように理解し、お子さんと
の相性を分析するようにしてくださいね。

4-2. 初見で過去問を解くときの注意点は？

３章でも少しお話しましたが、初めて過去問演習をするときは、時間配分にあまりこだわらないようにしましょう。本番までがむしゃらに対策してきた子達でも、ギリギリ終わるかどうか、といった厳しい時間設定になっています。それを本番の何ヵ月も前に、同じような制限時間で取り組ませるというのは無理があります。「こんなに制限時間が厳しいんだ」と体験していただいて、その後の学習に気合を入れてもらうのも大切ですが、それ以上に、今どこまで取れるのか、実力を見極めるほうが大切です。

取り組ませるときは、例えば45分の問題であれば、45分経ったところで１回タイマーが鳴るように設定しておいて、それが鳴ったとしてもそのまま解けたら解き続けて、取れるところは全部解き終わるまで続けてください。その時、30分40分かかっても解けない問題があれば、それはそのまま時間がたっても答えが出ない可能性は大ですから、無限に時間を取って良いというわけではなく、１問あたり最大でも20分で取り組ませるようにしてください。

そうすると、今の時点で、歯がたたない問題がいくつかあるはずです。そのような問題を今後どうやって克服していくか、を話し合う必要があります。

　また空欄ではなくても、出した答えが思いっきり間違えていた問題もあるでしょう。そのような問題の解き直しもしっかりやる必要があるので、過去問演習はできれば気持ち的に余裕がある時期、例えば夏休みに取り組むことを勧めます。当然ですが、過去問演習をすると、まだまだ合格ラインには及ばないことがわかるはずです。それは当たり前のことなので、あと何点足りないのか、そのためにどの問題を取ればいいのかなど具体的に出していきましょう。これも、あまりにもうまくいかなかった場合はその後のモチベーションにも影響しますので、親子ともにゆっくり考える時間が取れる日に取り組むほうがいいですよ。

　もし、本番まであと150日を切ってから初めて過去問演習に取り組む場合は、少し上記の内容とは異なる対応をする必要があります。本番まであと5ヵ月を切っている状況であれば、過去問演習をしたときに、それなりにもう解けるようになっていなければいけません。何分かかってもいいですよ、とは言えない時期に入っていますから、きちんと時間を計ってその中で取捨選択させるようにしてください。

　適性検査は、先述の通り時間内に終わらないような厳しい時間設定になっていますから、1問目から順番に、丁寧に解いていく、といった解き方はあまり合いません。残り時間を確認しながら、その残された時間の中で、取れるものはどこなのか、自分で決めて選びながら、「取れるところをこぼさない」といった冷静な判断が求められます。解ける解けないの分析も大切ですが、時期的にも時間配分のほうが大切になってくる時期に入りますので、もしその時期から過去問演習をするのであれば、時間をきっちり計り、解ける解けないの仕分けは、解き直しをするタイミングできちんと分析をするようにしてください。

4-3. 算数の記述がうまく書けません

算数の記述が苦手な子は多いですが、単に慣れていないだけで、コツをつかめばあとは練習あるのみで上達できます。算数の記述が出る学校と、出ない学校とがありますが、もし3〜5行を超えるような算数記述が出る学校を受ける場合は、訓練量が明らかに記述に表れるので、差別化のためにも早めに対策をしておくことをお勧めします。

中学校に入ると、証明の問題で記述のノウハウを習いますが、小学校では算数の答えを記述で説明させる問題はあまりないので、そもそもコツを知らずに手探りで書いている子が多いです。そして、社会や作文などの普段書き慣れている記述と同じ要領で書こうとして、まどろっこしい説明になっているケースもあります。頑張って書いたんだろうな…という感想は持ちますが、大人から見ると「要領を得ないなぁ」と感じることもあるかと思います。

適性検査では、「どのようにして求めたのか説明しなさい」というような記述問題が多く見られます。当てずっぽうでは

なく、きちんと理屈で答えを出したこと、それから論理的に順序だてて説明する能力があることをアピールしなければいけません。いくつかコツがあるので、お子さんへのアドバイスの参考にしてください。

①文を長くしない

　文章を書こうと思わないこと。一文は一つの意味で区切る。慣れてくれば多少長い説明になってもまとめられますが、最初のうちは、文をブチブチ区切ってでも、短くすることを徹底してください。

②一文～二文で行を変える

　作文ではないので、長々と文を続けず、最初は一文書いたら行を変えるようにしてください。それだけでも、ずいぶん見た目がスッキリして、自分でも理解しやすい説明になります。

③文中に単位や式を組み込む

　例えば、「横の長さは $18 \div 3 = 6$ cm なので、$6 \times 5 = 30$ ㎠のパネルが必要になる。」このように文の途中に単位や式が入ることに、違和感を抱く子が多いようです。ですが、全く間違いではありませんし、途中途中にきちんと単位を入れることで、「今、何を求めたのか」が自分でも把握でき、

頭を整理しながら書き進めることができます。

④オウム返しに問題文を書いたり、わかり切っていることは 書いたりしない

例えば、「50分間で全ての施設をまわるためには、どのような進み方をすればよいか」というようなルートの計算問題のとき、「50分間で全ての施設をまわるためには…」というような繰り返しで解答欄をむだに消費しないようにします。また、「1日は24時間なので、…」など、あえて説明しなくても良いような当たり前の情報は、「お互いわかっているもの」という認識で省略するようにします。どこまで細かく説明すべきか悩み、懇切丁寧な説明をしすぎて時間が足りなくなってしまう子も多いです。

⑤接続詞をマスターする

「まず」、「次に」、「よって」という、この3つの接続詞は最低限使えるようにしてください。また、解答例の模写をして「これは便利だ」と感じる言い回しや接続詞があれば、積極的に真似して使うようにすると、より上達が早くなります。

慣れればパズルのピースをはめるように答えを作ることができるので、その段階に入るまでは褒めながら慣れさせてあげてくださいね。

4-4. 時間配分がうまくできません

模試の時間配分でうまくいかないと、「本番でも時間内に終わらず空欄を残してしまう」という最悪のイメージが、頭をよぎると思います。「配点の大きな作文は何としても書き切らせたい」、「理系はあらかじめ解く順番を決めさせるべきか？」と、科目によって対応を考えなければならず、どこから対処すべきか、時間管理は悩ましい問題です。

　1点で順位が大きく動く公立中高一貫校では、なるべく配点が高いところを取りこぼさないようにしたいところですが、かといって、難問に粘りすぎて、後に控えていたサービス問題を未着手にして空欄にしてしまう、というのもかなり怖いです。

　適性検査は一つ45分、というエリアがほとんどですが、その45分で最後まで終えられる設定の都道府県は稀で、合格者でも、「ギリギリ終わる」か「ギリギリ足りないか」、に分かれます。余裕を持って見直しまで完璧にできる学校のテストとは全く性質が異なるので、極限状態で「自分が解ける

もの」を探し、そうでないものは飛ばし、取れるところで取り切る取捨選択能力が求められます。一つの問題に集中しすぎてしまうと45分はあっという間に終わってしまうので、何度も何度も模試や過去問演習を通して、時間の感覚を身に付けてもらいましょう。これは一朝一夕には仕上がりませんので、普段の取り組みから、時間管理の練習をしておきましょう。

　例えば、100点満点・40分間のテストで、大問が4つで配点は各大問25点ずつ、という作りの場合、各大問にかけられる時間は10分と考え、10分おきにアラームを鳴らすよう設定してください。最初のうちは「集中できない！」と嫌がると思いますが、慣れると、「そろそろ次の大問に行く時間だな」、「決めた時間よりも前に1問目が片付いたから、次の苦手なジャンルの大問は少し余裕を持って粘れそうだ」という予測ができるようになっていきます。

　解く順番については、年によって突然、難易度や出題分野の順序が変わる可能性があるため、予め問題を解く順序を決めてしまうのは危険です。その場で、解く順番を臨機応変に判断できるようにしておきたいですね。

　本番の2ヵ月前くらいには、「この問題は時間かかりそう」、

「これは自分の得意なジャンルだ！」とかぎ分けられるよう、時間と心に余裕があるうちに幅広く問題を解いていきましょう。適性検査には、「資料や会話が多く一見複雑そうに見えるけれど、実はサービス問題だった」という見掛け倒しの問題が非常に多いです。こういった問題を合格者は確実に取っています。

　対策し始めは幅広く、秋以降はより応用問題を、と濃淡をつけて、解けるジャンルの広さと難易度の深さの両方を鍛えるようにしてください。また、日頃から時間のプレッシャーの中でも、心折れずにパフォーマンスを発揮できるよう、市販の学習用タイマーも活用してみてください。

4-5. 過去問は何周すればいいですか？

過去問演習は最低でも3回は取り組んだほうが良いのですが、短い期間で繰り返し行ってしまうと、ただの解答思い出しゲームになってしまうのであまり意味はなくなります。本番1ヵ月から数日前に3周目を解くとすると、2周目・1周目はそこからさらに2、3ヵ月ずつ遡って逆算してのタイミングを設定し、効率よく実施できるようなスケジュールを組むようにしてください。

1周目の役割は、志望校の問題の難易度や傾向を知り、目標に向かっていくというモチベーションにつなげることです。2周目の役割は、1周目で解けなかった問題がどの程度克服できたか確認し、弱点補強をしたり、中だるみを防ぎ緊張感を持ってもらったりする役割があります。直前期に取り組む3周目は、直近のものと、もう一年前のものの二年度分程度で充分です。3周目となると答えが記憶に残っている可能性も高いので、たくさんの年度を解く意味はあまりないです。

　最後の３周目の過去問演習の目的は、（問題と解答を少し覚えているからこそ）しっかりと正答して点を取って、「本番でも合格ラインを超えられそうだ」という良いイメージを持つことと、あわせて時間配分や取り組む順序の決め方の最終確認です。

　本番が近くなってきたこの時期、「受かる気がする」というポジティブな自信が大きな力になります。適性検査は記述量も多く、瞬発的なひらめきや計算力も求められます。自信のなさはそのままプレッシャーや焦りにつながり、肩の力が余分に入ってしまいます。そのため、３周目でほぼ満点近く取れたときに、「解答を覚えていたから意味はない」とは思わずに、「難しいけれどきちんと考えれば取れる問題も多いから、絶対大丈夫！」と思い込んでもらうことが大切です。

　実際、本番を受けに行く子供達の顔を見ても、自信を持って受けに来た子と、不安がそのまま顔色や姿勢に表れている子と、はっきり分かれます。本番は一発勝負なので、直前期に繰り返し取り組んだ過去問演習で「点が取れる」という良いイメージを持ち、その勢いを保った状態で受けに行ってもらいたいと思います。

　それから、３周目には時間配分や取り組む問題の取捨選択

について最終確認をするという役目もあります。本番で少しでも焦らず落ち着いて判断できるように、問題のジャンルや、科目ごとに、どういう根拠でどう判断し、どの順序で取り組むのかという、最終シミュレーションをしておきましょう。

　受検するお子さんに、良いイメージで自信を持たせ、解く順番と時間配分の最終確認した安心感を持たせる、そのための３周目だと考えてください。

4-6. 文系の読解問題の点数が取れません

適性検査で大きな括りでの文系問題には、社会の読み取り記述と、国語の読解問題と、作文があります。社会の資料対策や作文対策は、みなさん時間をかけますし量もこなしますが、読解に関しては後回しにして対策が後手になりがちです。この国語の読解は、小学校の国語の授業で習う感性重視の読解とは全く別物なので、きちんと訓練する必要があります。

「作文が安定しない」というご相談が来たとき、その状況を分析してみると、実は作文ではなく読解に原因があることがほとんどです。作文は読解の延長にあるので、読解にズレがあれば作文も芋づる式にズレが出ます。しかし、表面的には「作文の点数」として得点が出るため、原因が読解にあることに気づきづらいのです。もし読解に不安を感じたら、早急に対応していきましょう。読解が課題だと気づくのは本番が近づいた時期であることが多いので、あまり悠長に対策する余裕はありません。

まずは、志望校の過去問の読解問題だけを確認しましょう。作文まで一緒に取り組むと時間がかかるので、使うのは読解問題のみで構いません。そして問題と、解答を照らし合わせて、「こう聞かれたから、このワードを探して、それでここを解答欄にあてはまるように使ったんだね」と、なぜその解答になったのかという解法ルートを一緒に確認してあげてください。そうすると、「なんだ、そんなシンプルなんだ」と思う問題が多いとわかります。

　読解問題は作文以上に訓練で何とでもなりますし、それで数十点分の差が出ます。慣れるためにもまず解答例の分析から始めてください。それをせずに最初から解いてしまうと、「自分が出した答えと微妙に違う…なんとなく合っているような気もするのに…」というモヤモヤばかり蓄積し、苦手意識が残ります。そうならないよう、解くのではなく、解答を見てそこから解答の理由を探るようにしてください。

　例えば、「『理由は』と聞かれているから、文末が『から。』になっている」、こんな簡単な「加点ポイント」探しから始めます。慣れてきたら、「解答例に使われたこの単語は、文章中に何度も出て来たからキーワードと判断して答えに入れたのかも」、「この単語は、『〜すべきだ』という強い主張の一文の中に入っていたから、答えにも使われたのだろうな」

と、細かく推理してみてください。

　読み取りズレが発生するような難易度の読解問題はせいぜい2、3問ですから、一年度分取り組んだとしても数十分で済みます。この確認をしたうえで、改めて読解だけ取り組んでください。そのときに、その前に読んだ答えをそのまま思い出して答えるのではなく、推理した解法ルートを思い出しながら、解答例作成者の思考を再現するつもりで答えるようにします。

　その繰り返しで、初見の問題でもキーワードや主張を見つける嗅覚が磨かれます。最初からいきなり解くよりも効率良くレベルアップするので、試してみてください。

4-7. 読解不足で作文がズレます

せっかく一生懸命書いた作文も、「筆者の言いたいことからはずれています」、「本文の主旨からそれています」、というような添削をされると、モチベーションが一気に下がるものです。ですが実際に私も添削していて、「ちょっと違うんだけどなぁ」、「ずれているなぁ」と感じることはかなり多いです。お子さんが書いた作文を見て、なんだか違和感を覚えた経験がある保護者の方も、多いのではないでしょうか。

作文の方向性にズレが発生るとき、まずは読解力不足が考えられますが、実は読解力以前に、ベースになる一般知識が足りないことも非常に多いです。これは当然と言えば当然です。なぜなら適性検査で出題される文章は、小学生にはイメージしづらいテーマから出題されることがほとんどだからです。

例えば、科学技術の発展に対する警告や、グローバリゼーションによる文化の多様性喪失など…これらは説明文ではよ

く取り上げられるテーマです。しかし科学技術が発展し、グローバル化が進んでいる時代に生まれ、育ってきた子供達にとっては、昔と比較して危機感を感じている筆者の感覚は、当然ながら、今一つピンとこないのです。保護者の方はすんなりと理解できるような主旨も、12歳の子供達からすると、「なんだかよくわからない」という感想しか持てないものです。

この時に大切なのは、読めていないことを指摘するのではなく、「読めていない原因は一般論の引き出しの少なさにある」と保護者の方が気づき、知識補強の手助けをすることです。小難しい時事問題に取り組むという意味ではなく、例えば、「子供の頃こんな事があったんだよ」、「今はこうだけど、昔はこうだったよ」、「おじいちゃんおばあちゃんの頃は、こういう生活だったらしいよ」など、見聞きした話や体験をもとに、伝えてあげてください。具体的なイメージを持つことができれば、子供達も、少しは理解が深まるはずです。

以前、読解授業のときに、「私が中学受験生の頃は、まだ自動改札機がなかったんだよ」という話をすると、子供達はびっくりしていました。物心ついたときには自動改札が普通だった子達からすると、「なかった時代」は全く想像できないと思います。出題される文章の筆者は、基本的には50代

以上の方が多いので、保護者よりも年上であることがほとんどです。文章の中の事柄の今との比較や使えそうな関連情報を伝えてあげてください。

　作文には使えなくても、こういった親子の会話が社会分野で役立つこともよくあります。作文を見て、読解できていないことを感じたら、それは読解力以前に「知らない」、「イメージできない」というところでつまずいている可能性が大いにあるので、違和感があるときは、まずは口頭で簡単に要約をしてもらって、どこまで理解できているか確認をしてみてください。

第 5 章

ちょっと
気になる
こまごま疑問編

Q & A

この章では、公立中高一貫校受検をするにあたって、ふと感じる、こまごまとした疑問について紹介していきます。

　例えば見学のときの服装など、なんとなくの正解は予測できるものの、少し不安があるような疑問や、誰かに聞くほどではないけれども、ちょっと気になる…といった疑問について、公式 LINE やサロンでよくお問い合わせいただく内容から選んで紹介しています。

　ところでみなさんは、受検について、気軽に話せるご友人のような存在はいらっしゃいますか。同じ志望校で同じ年度で受ける場合は、直前期になるとちょっと関わりが難しくなってくることもあるので、できれば志望校は違っていたり、受ける年度が違っていたりする方が気兼ねなく話せるとは思うのですが、そういった話し相手はいらっしゃいますか？

　公立中高一貫校の受検の場合、保護者の方自身が受検することをオープンにはしないことが多いので、身近に聞ける人がおらず、小さな疑問がふとわいたとしてもインターネットの掲示板等で調べるしかない、という保護

者の方が多いように感じます。それが悪いこととはもちろん思わないのですが、例えば先輩保護者など、「うちの時はこうだったよ」と教えてくれるような誰かがいれば、非常に心強いです。公立中高一貫校受検をする保護者のためのオンラインサロンを立ち上げたのも、その理由です。例えば、出願する願書の写真について、これから受検する保護者の方から相談の投稿があれば、1年前、2年前に既に受検を終えた先輩保護者の方が、アドバイスを書き込んでくれます。こういった、保護者同士のプチ情報交換はとても心が温まりますし、大きな力にもなると考えています。

　お子さんが受検することはなかなかオープンにはしづらいものはありますが、もし近しい存在で公立中高一貫校受検を経験したような保護者の方がいらっしゃるのであれば、ぜひ話を聞いてみてください。経験したからこそ知っていることや貴重な話がたくさんあると思います。もちろんみなさんも、受検が無事に終わったら、来年、再来年の受検を検討している方が身近にいればぜひアドバイスをしてあげてくださいね。受検は孤独な戦いになりがちですが、ちょっとした一言でも、「頑張ってね」

と言ってくれる第三者がいると、張り詰めすぎずに肩の力を抜くことができます。

　こういった、アドバイスをしてもらう、アドバイスをしてあげる、といった関係を築くのは、女性の方がお上手かなと感じます。中学受験に関係なく、例えば保育園や幼稚園の頃から、ママさん同士のネットワークによって様々な情報が得られることは幾度となく経験なさってきたかと思います。

　実際に私の公式LINEにご相談くださる方の中には、「先輩ママさんからこのLINEの存在を聞いて…」とメッセージをくださる方もいらっしゃいます。何かと情報をくれる人がもし身近にいれば、こんなに心強いことはありませんので、日頃から、保護者同士の関わりや交流の中で、伝えることに抵抗がなければ、受検することを言える相手を見つけてください。

　男性保護者の場合は、こういった対応は少し難しいかもしれません。保護者セミナーに参加してくださる方を見ていても、今は男性保護者もかなり多いのですが、一

人で参加なさっていて、黙々とメモを取ったりパソコン
に打ち込んだりしてそして終わったら颯爽と去っていく
…という方がほとんどです。

　他のお母さん方と行き帰り時間を合わせて一緒に参加
していらっしゃる女性保護者とは異なり、男性保護者の
方は情報共有できる相手を探すのは困難なので、塾の講
師に何でも聞けるようにしておくのが一番お勧めです。
塾講師との関わりに関しては、どちらかというと女性の
保護者よりも男性の保護者の方が上手だと感じます。一
定の距離を保ちつつ、必要なことだけを聞き情報を集め
ることは、男性保護者の方が向いていると思います。こ
れは、塾講師が主に年配の男性が多いということもある
かと思います。

　男性は…、女性は…、とタイプに分けて決めつけるの
はよくないかもしれませんが、ご夫婦で得意なフィール
ドは別々だと思いますので、それぞれが聞きやすいとこ
ろで情報を得られる環境を、しっかり見極めていただけ
ればと思います。

5-1. 学校見学会や個別相談会へ参加する際の留意点

　校見学のシーズンが訪れると服装についてよく質問をいただきます。公立中高一貫校の学校見学会へは、いたって普通の、いつも通りの服装でかまいません。もちろんラフすぎる半ズボンにサンダルなどのような服装は避けたいですが、子供達は半袖にジーンズの子もいますし、保護者の方も着飾っている方は少ないです。言葉で説明するのは難しいですが、「ほんのちょっとよそ行き」という程度でしょうか。最近はお父さんの参加率が非常に高いのですが、親子とも襟が付いているカジュアルなシャツにダークなジーンズ、といった感じです。女の子に関しても、決してフォーマルではなく、小学校や塾に行くときと同じような服装で全く問題がありません。

　個別相談会に参加する場合、保護者の方々から、「どんなことを聞けばいいですか」と、学校に相談する内容を聞かれることも多いです。これに関しては、個別相談会に参加する目的を考えてみるとわかりやすいです。個別相談会は、お子さんが、志望する学校の先生や校長先生と実際にお話ができる貴重な時間です。参加することで得られる最大のメリット

は、入学後の自分の姿が具体的に想像でき、日々の学習のモチベーションアップにつながること。これに尽きます。

　先輩生徒達がどんなふうに日々学校生活を過ごしているのか、どんな面白い授業があるのか、自分が入りたい部活動がどんな活動をしているのか、自分が探求したいと思っているジャンルがこの学校で進められるかどうかなど、入学後どんなことをしたいのかを考えた上で、興味を持ったり、疑問に感じたりしたことを質問するようにと、お子さんにアドバイスをしてあげてください。

　どうすれば受かりますか、どんなことを頑張ればいいですか、といった質問は意味がありません。それは塾の先生に聞くべきことです。適性検査の内容や採点についても聞くべきではありませんが、本番の持ち物や、手続き等の事務的なことについて確認することは全く問題ありません。

　個別相談会で何を聞こうが、それが合否に影響することは当然ありませんが、やはり先生としては、入学を楽しみにして、「この学校に入りたい！」という強い意思が感じられる子のほうが、アドバイスもしやすいです。逆に、検査のことばかり気にしていたり、入る前の受検勉強の質問ばかりされたりすると、答えづらいと感じるはずです。それを踏まえて、事前に質問内容をお子さんと一緒に決めておいてください。

5-2. 理科や社会科の勉強はどこまで必要ですか？

適性検査の理科・社会分野の問題を見ても、教科書の範囲や中学受験理社の範囲が完璧だからといってプラスに働くかというと、けっしてそういう訳ではありません。社会分野、理科分野と言いつつ、例えば高度な計算と資料の情報整理、それから一般常識（小6の時点でどれだけ社会に対して、科学的分野に対して興味関心があるかどうか）、といった能力が試されるので、知識型では全くなく、問題を噛み砕いてあげれば4年生や5年生でも考えることができる問題とも言えます。

「理科・社会科の先取り学習は必要でしょうか」とよく聞かれます。最近は適性型も相当訓練しないと受からないことはみなさん共通の認識として浸透しているので、一日も早く適性対策に入るために、6年生までの範囲を早く前倒しさせないと、と考えるのは自然かと思います。

理社に関して言えば、先取りはあくまでも先述の通り、「6年生になったら受検対策に専念するため」「理社の履修範囲は早めに終わらせ算数と適性型の実践と応用に特化させるた

め」、「銀本の本格スタート時期を前倒すこと」が主な目的になります。さらには、「（あわよくば）報告書で 2 ではなく 3 の確率を上げるために先取り学習をしておいて学校のテストで高得点を取ること」、「教科書ベースの学習をする中で興味の幅を広げること」、このように、得点に直結はしないあくまでも副産物のような効果はあると言えます。

　つまり、先取りしたり、一生懸命暗記したりしたとしてもそれが直接点につながるわけではなく、スケジュールが立てやすくなったり、様々なジャンルから幅広く問われる適性型に対応するための興味関心のアンテナを張って社会勉強につなげたり、といった効果はありますが、それは必須と言えるほどではありません。

　教科書の知識を詰め込むより、簡単な教科書ワークで学校の範囲はサラッと終わらせ、理科の実験教室に参加したり、図鑑を読んだり、ニュースなどを見ながら家庭でいろいろ議論したり、こういった体験型の学びを重視してください。もちろん、受検学年になればなかなかそんな余裕はなくなってきますが、子供新聞を読んだりニュースを見たり聞いたり、は継続していただきたいと思います。

5-3. 問題のページ内に余白スペースが少なく、計算やメモを書くスペースが足りません

会話文や資料の表やグラフが多い適性検査では、ページの余白部分が少ないですよね。私立中学受験のテストのように、問題が1、2行で済むような問題はまずありません。時には、2～3ページも会話文が続くこともあります。その中にこまごました数値や諸条件がちりばめられているので、余白部分を使って情報整理の表を書いたり、計算したりする必要があるのですが、実際には使えるスペースが本当に少ないのです。ページ内に余白が少ないと、当然、混乱や計算ミスが起こりやすくなります。

何も書かれていない空白のページは、表紙の裏や最終ページにはあります。しかし、数字や条件が書かれている設問のところから、遠いところまでページをめくっていき、裏表紙に計算したり情報整理の表やメモを書いたりするのは大変です。手間もかかりますし、混乱しやすくて危険です。

だからこそ、出来る限り余白が少ない状況でどう対処するか、というシミュレーションは絶対に必要です。受検直前期

176

になったら、過去問演習は実物大の問題用紙を使って練習を
しておきましょう。練習するときに、ぜひ覚えておいてほし
いポイントを３つ紹介しておきます。

　まず、一つ目のポイントです。条件や情報が多い問題では、
「今、自分がどの部分について調べていて、そしてどこまで
計算したのか」がわからなくなってきます。その混乱防止の
ために、確定したところまでの数値には丸をつけるようにし
ます。適性検査の理系問題では「仮説思考」と言って、「条
件を仮置きし、計算を進め、途中で矛盾が起これば、また仮
説を立てた段階まで戻って立て直す」、このような解き方が
多数登場します。仮説のスタート地点はどこなのか、どこま
では確実に合っていると言えるのかなどを狭い余白でぐちゃ
ぐちゃにしてしまうと、もう一度最初から全てやり直さない
といけなくなってしまいます。そうならないよう、確定した
ところまでは丸をつけるなどして、自分で把握できるように
しておくことがお勧めです。

　次に、平面や立体の図形問題が出た場合、特に展開図が絡
むような問題の場合は、わかっているところ（確実だと思え
る情報）に関しては、どんどん図に書き込むようにしていき
ます。平面を、頭の中で３Dにする立体把握能力を問う問題
は例年多数出題されているので、少しでもイメージしやすい

ように、わかっている情報を図に書き込んでいきましょう。

　最後に、余白に書く筆算についてですが、私もよくやって
しまうのですが、なぐり書きにしたり、斜めに書いたりする
と、確実にミスの温床となります。単純な計算ではなく、何
段階にも計算が続く問題が多いからこそ、どこか一ヶ所で計
算ミスが起これば、芋づる式に全体に広がり、むだに時間を
費やします。筆算の書き方は、普段から計算ミスが起こるた
びに保護者が細かくチェックし、どんな筆算をしたのか、ど
こで間違えたのかを確認し、筆算の書き方が雑になっていな
いかチェックしてあげてください。

5-4. まわりの人に受検することを言うべきかどうか

公立中高一貫校を受検する場合、そのことをまわりに伝えるべきかどうかというのは、非常に頭が痛い問題です。私立受験と比較しても倍率が高いこともあり、数値だけを見るとご縁がいただけない確率のほうが高い訳ですから、まわりの方やクラスメイトに一切伝えず人知れず受検をする、というご家庭も多いです。私が主催しているオンラインサロンでは、割とみなさんオープンにご自身のことを話していらっしゃいますが、これはニックネームで活動できるという安心感があるからだと思います。

実際は、いわゆるママ友のような間柄でも、「受検することはあえて伝えていない」という方がほとんどだと思います。このように保護者が「わざわざ自分から話題にはしない」と判断するのは、自然なことだと思いますが、子供自身もお友達にも伝えないというところが、公立中高一貫校ならではの特殊な性質だと思います。

私立中学受験の場合、私もそうでしたが、早い時期から塾

に通っていることもあり、どの子が受験するかはクラスの中で自然と知れ渡っているものです。しかし、公立中高一貫校受検の場合は、たとえ塾に通っていたとしても、徹底的にお友達にも隠し、そして報告書を依頼するギリギリまで担任の先生にすら伝えない、と言うこともよくあります。これは倍率の高い公立中高一貫校受検ならではの予防線だと感じます。

　もちろん、ご本人が強く望んでそうしているのであれば何も言うことはありません。けれども、これまでの受検生達を見ていると、たとえ秘密であっても、一番仲のいいお友達にだけには伝えて、受検生であることを理解してくれている誰かがいる、というのは大きな力になると思います。これまで、徹底的に秘密にしてきた子達を知っていますが、自分で言わないことを決めていたとしても、遊ぶ約束を断るときに言い訳を考えないといけなかったり、仲良しなのに話せないというストレスを無意識に抱えてしまっていたりします。そこに受検のプレッシャーが上乗せされ、オープンにしている受検生以上に、ストレスによる体調不良などを訴えている確率が高いです。

　逆に、一部のお友達には伝えているような子のケースでは、みんなで最後に一緒に遊んだときに、「頑張ってこいよ！」

と応援してもらい、一気にモチベーションがアップしたという話や、塾のお友達には見せられない弱さを小学校の親友には見せることができ、受検で抱えている辛さを聞いてもらったのが心の支えになった、という話も聞きます。こればっかりは、言わないほうが良いとも言ったほうが良いとも何とも言えませんが、たった一人でも、応援してくれるであろうお友達がいるのであれば、完全に秘密にしなくても良いのかと思います。

5-5. 計算の工夫をしません

　供は大人が思っている以上に真面目で、分配法則を
　　使って楽に計算するという「発想自体がない」ことが
少なくありません。「早く答えなきゃ」というプレッシャー
もあり、効率の良さを探すことがむしろ遠回りだと思い込ん
でいる子もいます。

　少し話がそれますが、規則性の問題も規則を見つけて計算
で解くのではなく、150番目くらいまでは地道に書き出そ
うとする子も毎年います。その根気には驚かされますが、こ
れも計算と同じく、何か決まりや近道を見つける時間が惜し
く、それよりもまず目の前の計算をしてしまおう、書き出し
てしまおう、という発想からだと理解はできます。

　問題点は、「そのほうが確実だ」と思い込み、途中の計算
ミス次第で、その後の過程が芋づる式に間違っていくリスク
を抱えていることから目を背けてしまっている点です。さら
に、要領の良い方法を探さず、力技で答えを出すことも時に
は大切ではありますが、そればかりだと、いつまでたっても

工夫することに慣れず、万が一本番で計算の工夫を駆使しなければいけない問題が出たとき、慣れの差というハンデが得点の差につながる可能性も充分に考えられるのです。

　学校で計算のきまりを習うのは4年生ですが、この頃の計算は、計算のきまりを使わなくてもあまり苦労せず解けてしまうこともあるので、きまりを使うメリットが軽視されやすいです。けれども、5・6年生になると、計算も複雑になるため工夫を使う・使わないで計算にかかる時間に大きな差が出てきます。例えば、円周率の3.14がからむ問題で計算の工夫を使うことが多いのですが、小数点が増えれば増えるほど、計算ミスのリスクは高まるので、工夫して少しでも「楽」をするようにアドバイスをしてください。

　もし、お子さんが計算のきまりを使うことに抵抗を感じるのであれば、「限られた時間を有効に使うために大切だよ」ということを、繰り返し伝えてあげてください。すぐには受け入れられなくても、「短い試験時間を計算ばかりに使ってしまって悔しい思いをするのはイヤだ！」とだんだんわかってくるはずです。

　参考書としては、『マスター1095題』（みくに出版）などの一行計算問題集で計算練習兼ねて取り組むのがおススメで

す。ぜひ、4年生向けから始めてみてください。5・6年生でしたら、「4年生向けだし、制限時間マイナス3分でやろう！」という感じでゲーム形式にするのもいいですよ。

5-6. 受検当日の休憩時間をどう過ごすか？

当日の休憩時間については、30分〜40分で設定されている学校が多いです。40分と聞くと結構長く感じるかもしれませんが、子供達の感想を聞くと、意外とバタバタするようです。特に新型コロナの感染問題以降は、トイレが混雑して密にならないように、行く順番を列ごとに指示されたりして、完全に自由に過ごせるわけではないようです。

　休憩時間が終わる10分前には席に着いて待機すると考えると、トイレへ行ったり、水分補給をしたりしていると、参考書等を開くことができる余裕はあまりありません。そもそも公立中高一貫校受検の場合は、検査と検査の合間に、思いっきりテキストを広げて詰め込むような子は少ないようです。確かに、暗記系の知識はほとんど出ませんから、ギリギリまで何かを確認しておきたいという気持ちになりづらいこともあるでしょう。

　多くの受検生はおとなしく座って、まわりを観察していたり、窓の外を見たりしているようです。軽く食べられるブド

ウ糖のラムネなどでエネルギー補給をして、（もちろん完全飲食禁止の学校もあるので、要確認です）頭の回復に専念し、次の検査に向けて静かに座って、これまでの頑張りを振り返れば充分です。

　適性検査は科目ごとに分かれているわけではないので、どのようなジャンルが出るか、それが自分にとって得意なのか不得意なのかは、始まってみないとわかりません。緊張のあまり肩の力が入っていては、思うように記述の筆も乗りませんから、終わった検査のことはあまり考えすぎず、次に始まる検査でしっかりと点が取れるという、良いイメージを持って待機しておきましょう。

5-7. 字が汚すぎます

公立中高一貫校の受検に限らず、私立中学も含めた中学受験全体で、お子さんの字の雑さ・汚さに悩んでいる保護者の方はとても多いです。私も日々添削をしていて、読みづらさを感じる作文は正直あります。もちろん仕事なので、きちんと解読しようと頑張りますが、そうは言っても、「いやいや書いているんだろうな」、「まだモチベーションが上がりきっていないんだろうな」、「本当は遊びたいんだろうな」と苦々しく思いながらチェックをすることもあります。

もし、これが適性検査本番の採点者だったらどうでしょうか。字が雑で読みづらいところがあれば、印象は下がり、容赦なく減点箇所を探そうという視点で答案用紙を見るはずです。実際に、ある学校へのインタビューに伺った際に、「字を見れば、家庭環境がわかります」とおっしゃる先生もいらっしゃいましたし、「字が汚かったら、読む気はしないですよ」と一刀両断する先生もいらっしゃいました。生身の人間が採点するからこそ、雑な字は何のメリットもありません。

それどころか、入学したいという気持ちが伝わらず、学習に対する姿勢が仕上がっていないという印象まで持たれかねません。もちろん、受検学年になってから、美しい文字を習得するために時間を慌てて割くべきとは思いません。そうではなく、相手が読みやすいかどうか、という意識を持つだけでもずいぶん変わるものです。高い倍率を突破するという強い気持ちがあれば、必ず意識できるくらいのハードルですから、口酸っぱく伝え続けてください。

　どんなに言い続けても字が改善せず、お子さんのノートや答案用紙を見るたびに、怒り心頭になる保護者の声もよく届きます。ところが、よくよくお子さんの側と話をしてみると、保護者から、「ちゃんと書きなさい」、「丁寧に書きなさい」と言われても、「ちゃんとした字」のイメージがわからず、子供自身が感じる、「このくらいなら大丈夫だろう」という字と、保護者が求める字に差があるように感じます。互いの許容する字には大きな差があり、「丁寧な字」という指示が、そもそも曖昧すぎてわからない、ということもあるようです。

　実際には、潰れたような小さい字を書いていたり、マス目からはみ出しても気にしなかったり、きちんと消さずに二度書きをしていたり、などのようなちょっとしたポイントで印象を下げてしまっている子が多いのです。字の上手い下手で

はなく、解答用紙の向こう側には自分の答案を一生懸命読んでくれる誰かがいる、という発想が感じられないことが問題なのです。トメ・ハネ・ハライをきちんとするのはもちろん、マス目にぶつからない、はみ出ない、なぞり書きをしない、消すところはきちんと消す、縦の軸を揃える（マス目の中で左に寄ったり右に寄ったりしない）、全体の文字の大きさを揃える、このくらいは、訓練で何とかなるものです。

　字の改善のための訓練のオススメは、解答例を word の打ち込み、もしくは原稿用紙にコピーアンドペーストして、それを印刷し、毎日コツコツとなぞらせる作業です。word を原稿用紙設定にして、志望校の過去問を見て、解答例を明朝体で打ち込み、文字の色を薄いグレーに設定し印刷をします（少し拡大したほうが写しやすい）。それを毎日一段落ずつ程度でもいいので書き写しをさせてください。これは毎年、作文講座で字に課題を感じる子にお願いをしている作業です。取り組んでいただくと、早い子だと翌日〜1週間ほどで、明らかに字が変わってきます。

　作文の模写には、字の練習だけでなく、語彙力の向上や高学年らしい言い回しのインプットになるという効果もあり、一石二鳥です。もちろん、6年生になってそのような作業をすることに抵抗を感じる子もいらっしゃると思いますが、毎

日一段落くらいであれば大きな負荷ではありませんし、それで印象が変わって採点者の心象が上がるのであれば、対策する価値は大いにあります。あまり早い時期に取り組ませると、その模写ですらやっつけ仕事になってしまうこともあります。けれども、本番まであと半年を切った頃に取り組むと、お子さん自身の危機感もあり、2、3週間は継続して取り組んでくれます。継続できたときの簡単なご褒美などを設定して、まずは試してみてください。

5-8. 作文の「体験談」の具体例が思いつきません

　適性検査の作文では、「体験談をもとに考えを述べるように」と指示されることはよくありますね。しかし、求められる体験談が、全くもって思い当たらない、ということも当然あります。誰もが経験したことがあるようなテーマを問いかけて、その中で、より光っている作品を探す学校もあれば、「小学生にそんな経験ある!?」と言いたくなるような哲学的なテーマを出して、厳密に適性を検査する学校もあります。

　まず、作文の具体例としての体験については、多少の脚色はアリ、ということは覚えておいてください。子供達は、大人が考える以上に真面目なので、「このような書き方をすれば？」とアドバイスすると、「でも事実と違うから」とかたくなに抵抗することがあります。もちろん、本番が近くなってきて、「ちょうどいい経験がないから書けない」と言っていられなくなってくると、脚色だろうがフィクションだろうが、気にせず怒濤の勢いで書いていくようになるのですが、作文対策し始めの頃などは、ちょっとした脚色や誇張も嫌が

るものです。

　事実しか書かない、というこだわりは美徳ですが、スコア
が付けられ合否が決まる場面においては、主旨に近い経験を
アレンジして「文を作る（＝作文）」というスキルが求めら
れていることを、理解してもらってください。ちょうど良い
経験がないからと書く手を止めてしまったり、少し設問の趣
旨とずれていることを感じながらも、リアルな経験談にこだ
わって強行突破して書いてしまったりして、大きく得点を落
として合格から遠のいては元も子もありません。

　相手が何を求めているのかを推測し、そしてそれに近い経
験談を少し加工して、問われている内容にぴったり合った作
文に仕上げる、そこが腕の見せ所なのだと考えるようにして
ください。

　「公立中高一貫校」という選択肢ができて早 20 年が経ち、
各塾しのぎを削り受検生を鍛え、徹底的に作文対策をして本
番に臨んできます。そのため、作文の内容が本当の話かどう
かということはさておき、学校が求めている適性はどのよう
な素質で、その素質はどう書けばアピールできるのかを瞬時
に判断し、骨組みを作り作文にしていく、こういった (いい
意味での) 計算高さが必要です。本当の自分を知ってもらう

のは、入学後にはいくらでも時間があります。検査本番では加点基準を推測して点を取ることを最優先に考え、作文については柔軟さを持って対策を進めてください。

5-9. 作文のネタ帳作りは必要ですか？

作文の対策は、「頑張った分だけ伸びていく」という感覚があまり得られないため、他の科目に比べるとどうしても対策が後回しになりやすいです。また、そもそも書くことがあまり好きでない子であれば、「やっつけ仕事」、「面倒なもの」というイメージが最初から根深いと思います。

ただ、作文が苦手だと感じている子ほど、本番が近くなってくる時期に突然、「テーマごとのネタ帳を準備しよう」と一念発起することが多いように感じます。心配性な子であれば、自分が取り組んだものや苦手だと感じているテーマをリスト化し、それぞれどういう方向性で書いていくかを記した台本のようなものを作り、本番受検日に心の「御守り」として持って行くと、安心して臨めるということも確かにあります。しかし、このようなノートを作ることに一生懸命になってしまい、肝心の作文技術力アップから目をそらしてしまっているというケースもあります。

ネタ帳をわざわざ作らなくとも、一つ一つの作文に毎回き

ちんと取り組み、納得のいく完成度までに仕上げ、それらを作文用のバインダーを作ってファイリングしておけば十分です。

　実際、作文用のバインダーを何冊も完成させ、前日に保護者と一緒に振り返ることで、自信を持って本番に臨むことができたという子もたくさんいます。作文そのものをファイリングしておくことで、どのように直したか、どのような指摘（塾の先生や保護者による添削）があったかなどを直前に振り返れますし、受検本番当日に似たようなミスを防ぐこともできます。

　作文は、一本一本をこだわって完成させることができていれば、似たようなテーマで出たとき、必ずその時の経験を生かした良い作文を書くことができます。反対に、焦ってやっつけ仕事で質より量を優先して書いていると、なかなか上達はしません。作文は、気持ちの余裕があるときに取り組まないと、空回りするばかりで上達からは遠ざかるものです。あまりネタ作りに時間を割くことはせず、作文を書くときは目の前の一本をきちんと納得のいく仕上がりにすることに専念し、丁寧に仕上げることを優先してください。

5-10. 通知表の評価が低いのですが…

　ここ数年、「頑張っているのに通知表の評価が低い」という悲鳴交じりのご相談を多くいただくようになりました。中学受検をするような子は、通知表3項目（よくできる・できる・もう少し）のうちの一番良い評価に丸が並んで当然だ…というのは過去の話です。私や、受検生の保護者の方が小学生だった頃と比べて、今の通知表はシビアです。観点も3つしかありませんし、少しでも何か引っかかるようなところや、もう少し頑張れるはずだ、と判断されるようなことがあれば、容赦なく真ん中評価がつけられます。

　ここ数年、テストはほぼパーフェクトで、何事も積極的に取り組んでいるという、いわゆる優等生の子でも、真ん中評価の「できる」にいくつか丸がついて、本人も保護者の方も原因が全くわからないと途方に暮れるケースもあります。学校ごとの受検組の割合、先生の価値観や相性など、それぞれみなさん環境は異なります。一番よくないのは、通知表を気にしすぎるあまり、最終学年を有意義に過ごせなくなってしまうことです。報告書のことを考えると気を揉む気持ちもわ

かりますが、通知表が返ってきたときに、お子さんの前で明らかにがっかりした態度を取ったり、何かできることがあったのではないかと、自分自身やお子さんを責めたりはしないでください。

　まずは、「ペーパーテストをしっかり頑張ろう」と気持ちを切り替えましょう。その上で、小学校の保護者面談の際に、「学校生活を積極的に送ろうと思っているので、こうしたほうがいい、頑張ったほうがいい、と思われるポイントを教えてください」とアドバイスをお願いしてみてください。決して先生を責めるような言い方にならないよう気を配りつつ、家庭でも最大限サポートするつもりであることを伝えましょう。

5-11. 表彰や検定はどこまで必要ですか？

受検するときに提出する報告書(調査書)に、資格等を書く欄がある地域の場合、自由研究や作文などの表彰系、それから漢検や英検などの検定系にどこまでチャレンジさせるべきか…この議論は毎年オンラインサロンでも話題に上がります。公立中高一貫校の場合、例えば英検のような資格を同じ学年の平均的レベルをはるかに上回るような級をたとえ持っていたとしても、そのおかげで合格するということはあまり考えられません。もちろん、ギリギリのボーダーラインのところで、全くの同じ点数、面接でも同じ程度の印象点、という子が横並びになったときは、そのような資格が判断の一つになることかもしれませんが、それよりもきちんとペーパーテスト(適性検査)で点を取ることが最優先です。

　合格者の中には、「英検3級以上を持っていた」、「作文の県代表として選出された」、などと華々しい経歴を持っていたという話が、インターネット上の掲示板などを見るとよくあります。そのため、「資格・検定は持っていたほうがいい」と思われがちですが、決してそうではありません。資格を持っていたり、表彰されたりしたから受かったのではなく、受検

198

生として忙しい生活の中でも、学校の課題に一生懸命取り組むような姿勢を持っているような子だからこそ、日々の努力の積み重ねの量や質でライバルと差をつけて合格を手にした、と考えられます。

　特に、英検や漢検については、いつでも思い立ったときに受けられるわけではありませんから、中学受検の何年も前から、少しずつ計画的に級を上げて取得したり、毎日きちんと時間を取って机に向かう習慣づくりや目標設定をサポートしたりするご家庭だった、という結果なのです。このように、資格や表彰については、表面的な事実ではなく、それを支える学習に対する意欲や、熱心な家庭環境という背景が結果として表れたものだと考えます。

　夏休み明けぐらいから、いよいよ合否が頭をよぎり始めると、思うように受検勉強が進まないモヤモヤから逃避するかのように、急に検定系に力を入れ始める子が出てきます。確かに、漢字検定に向けて頑張ることは、語彙や漢字力の向上など、記述の多い適性検査にはプラスにはなりますが、最優先で取り組むべきことではありません。漢検であれば６月の回が最後のチャレンジとしてそこまでは取り組んで、それ以降の秋や冬の回は新たな目標として設定するのではなく、適性検査できちんと点を取って合格することを最優先目標にしてください。

【著者紹介】

ケイティ

公立中高一貫校合格アドバイザー。1988年兵庫県生まれ。適性検査対策の情報を配信する「ケイティサロン」主宰。

公立中高一貫校開設の黎明期である2007年からの講師経験を活かし対策の範囲を全国に広げ、「ケイティサロン」には北海道から沖縄まで様々なエリアからメンバーが集まっている。

狭き門である公立中高一貫校に挑む親子を日々サポートし、セミナーでは年間1000名以上の保護者の前に立つ。

著書に『公立中高一貫校合格バイブル（受検500日前から本番まで「いつ」「何を」するべきか）』（実務教育出版）がある。

公立中高一貫校受検に
まつわる50の壁

2023年2月5日　初版第1刷発行

著者ケイティ

編集人　清水智則　発行所　エール出版社

〒101-0052　東京都千代田区神田小川町2-12
信愛ビル4F

e-mail : info@yell-books.com

電話　03(3291)0306

FAX　03(3291)0310

ISBN978-4-7539-3537-6